JN319628

もてる!『星の王子さま』効果

女性の心をつかむ18の法則

講談社+α新書

努めなければならないのは、
自分を完成することだ。

『人間の土地』

サン＝テグジュペリ

目次◉

序章　『星の王子さま』に書かれた、人の心のつかみ方

〈単純接触効果〉でもてる人　8
人の心をつかむヒントが満載　10
外見の魅力と経済力の関係　14
〈ベビーフェイス効果〉の力　16

第一章　なぜ女性は『星の王子さま』が好きなのか？

聖書の次に読まれている!?　22
『星の王子さま』のあらすじ　24
かんじんなことは、目に見えない　26
放っておくと危険なバオバブ　27
ヘビに噛まれ、バラのもとへ　28
『星の王子さま』の詩的喚起力　30
「孤」を持つ男性の魅力　33
ビジネス書の間にこの本を！　37
「あなただけ」と、選ばれたい　39

第二章　『星の王子さま』から考える日本社会の危険な一面

バオバブの木が象徴するもの　44
好ましくない〈ステレオタイプ〉　48
〈ステレオタイプ〉が増える理由　50
人を推論するための2種類の情報　53
「学歴」が結婚相手の条件　56
なぜ「不誠実」が増えたのか？　58
「短絡的思考」の社会の怖さ　62
新しいタイプの孤独社会　64

第三章　『星の王子さま』に教わる魅力の磨き方

〝魅力〟を生む三つの成分　68
人が人に惹かれるとき　72
人が人から去るとき　76
魅力を測ることはできるのか!?　80
人の魅力は0・5秒で判断される　82
魅力的な人は、相手にも厳しい？　85
結婚相手選びは、交換マーケット　88
女も男も「うそつき」「下品」が嫌い　91
「快情報」を与え、魅力的な男性に　93
自信のないときほど人に惹かれる　97

好意と恋愛感情は別次元!? 100
行動を変えると、魅力も変わる 103

第四章　状況別『星の王子さま』から学ぶ、心をつかむ18のコミュニケーション

気になる人ができたとき 108
「この人は違う！」と印象づける 112
ちょっとした誤解を解く 115
絆を深めたい 118
人の言葉や態度に傷ついたとき 121
悲しみにくれる人を支える 125
ささいな言い争いが増えてきたら 127
人間関係のトラブルが絶えない 131
思い通りにならず、苛立ったとき 133
ほめられたがる人への対策 137
周りが見えていない人には 140
愛情に自信が持てなくなったら 142
人間関係が不器用な人へ 145
身勝手な人にふりまわされたとき 150
すれ違いの日々が続いたら 153
人生に少し疲れたら 155
ネガティブな感情に気づいたら 158
旅立つときに向けて 160

第五章　王子さまの矛盾行動と人間性

王子さまの行動の不思議　166
どうしてヒツジが必要なのか？　169
なぜ、バラにだけ気を遣うのか？　172
とつぜんしずんだ王子さま　174
王子さまの暴言　176
「一週間に53分」の謎　178
重すぎるから星には戻れない？　181
「なぞは、みんなおれがとくさ」　182

第六章　もしも王子さまが、あなたの同僚だったら——

大人社会の事情と現実　186
バラは王子さまをどう迎えたか？　190
子供であった自分を忘れない　193

あとがき　196

本書に出てくるキーワード　198

参考文献　204

序　章　『星の王子さま』に書かれた、人の心のつかみ方

〈単純接触効果〉でもてる人

人が人に与える印象は、大きく二つに分かれます。

魅力的か、そうではないか。

もちろん、個人的な好みの傾向もありますが、「魅力的だ」と誰かから思われる人というのは、概して他の人からも、魅力的だと思われているものです。ふりかえってみれば、中学、高校のクラス、大学のサークル、おそらく幼稚園の頃でさえ、〝人気者〟とみなされる人が、一人や二人、いたのではないでしょうか。そして、その人の顔や名前は、比較的はっきりと、思い出せるものです。

ビジネスシーンでもそうです。「また一緒に仕事がしたい」と思われる人というのは、他の多くの人からも人気を得ています。

相手の心をしっかりとつかめる人〈〝魅力的である〟と他者の記憶に残る人〉、そこにはどのような秘密があるのでしょうか。

心理学では50年ほど前から、〈**対人魅力**〉という分野の研究が盛んで、様々な仮説が検証されています。

〝どのような人が魅力的か〟という、外見や性格の違いだけでなく、状況やコミュニケーションによっても、相手が感じる魅力に変化が見られることがわかってきました。

たとえば、ある人材派遣業の営業職、男性、Aさんは、転職してから自分でも驚くくらいもてるようになったのですが、その背景には〈**単純接触効果**〉がありました。

Aさんは、毎日のように、派遣先企業を順にまわります。行った先には、Aさんの会社から派遣されている女性が、たいてい受付にいるわけです。短い時間ですが、当たり障《さわ》りのない会話をして、「何かあればいつでも気軽に連絡してください」と言い、帰っていきます。企業によっては受付の仕事は退屈だったりもします。Aさんが立ち寄ってくれるのを楽しみにする気持ちが女性たちに芽生えてきます。受付に限らず、オペレーターや経理、様々な職種の女性たちと毎日ほんの少しずつ会う時間があり、その中には、Aさんに恋心を抱く女性も出てくるわけです。

短い時間の当たり障りのない立ち話と優しさのある笑顔、回数が重なれば重なるほど、好印象が強くなり、そのうちに「ちょっと相談があるんですが……」と女性から連絡が入るようになり、相談事の延長で、私的な話もするようになっていくというわけです。

私たちは、よほど悪い印象を持っていない相手のことは、会えば会うほど好きになります。このような傾向を〈単純接触効果〉と呼び、アメリカの社会心理学者ザイアンスが、学生を対象に実験を行い、明らかにしました。

たしかにCMなどで何度も目にしている商品は、店頭で見かけた際にも好印象を抱き、手に取る可能性が高くなりますよね。ビジネスでも一定期間、同じプロジェクトに関わり、定期的に会っていた人というのは、よほど悪い印象がない限り、仲間意識のような好意が自然と芽生えるものです。長い時間をかける必要はなく、短時間、回数多く良い印象で会うというのがポイントです。

人の心をつかむヒントが満載

世界中で長く愛されるファンタジー『星の王子さま』、読んだことがある人は、読者の皆

柔らかな金髪にコート姿。サン＝テグジュペリが描いた王子さま。

さんの中にもたくさんいると思います。

私もこれまでに何度も読んでいます。

最初に出会ったのは小学生の頃で、別の星からきた王子さまの、冒険ストーリーとして読みました。高校時代に読んだときは、思春期特有の感情も作用して、話に出てくる見栄っ張りで理屈っぽい大人たちに対して、こういう大人って嫌だなと、反面教師のような見方をしていたものでした。

大人になってからは、ときには本の内容と作者のサン＝テグジュペリ（1900〜1944）の人生を重ね合わせて読みました。

私は現在、執筆や講演、カウンセリングを仕事とし、コミュニケーション学の研究者として活動していますが、改めて、心理学・コミュニケーション学という視点で『星の王子さま』を読み返してみたところ、どのページにも、人の心をつかむ言葉、〝魅力の星屑〟が、キラキラとちりばめられていることに気づき、驚きました。

『星の王子さま』という作品は、魅力的なコミュニケーションの宝箱と言えるでしょう。心理学的にも理に適《かな》った、人の心をつかむためのヒントが満載なのです。

男性であれば、「なんでそんなこと言うの？」「どうしてほしいの？」と、今までちょっと苦手意識のあった女心が腑《ふ》に落ちると思いますので、それを参考に行動や言動を少しずつ変えていけば、周りの女性の心をしっかりとつかめるようになると思います。特に管理職の男性は、『星の王子さま』から学べるコミュニケーション術のエッセンスをビジネスシーンに活かすことで、部下や年下の女性から、「話しやすい！」「話していて楽しい！」「ほかの上司とは違う！」「相談しやすくて魅力的！」と、思われることでしょう。女性であれば、すでにやっているコミュニケーションの良さを改めて確認できたり、新たな気づきも一つ二つあったりするのではないかと思います。

『星の王子さま』を愛読している人、あるいは語る人には、すてきな男性、そしてすてきな女性が多いのも事実です。

そしてこの本は『星の王子さま』をテキストとして、人の心をつかむ心理学的な法則を解説していこうというものです。私は文学の研究者ではありませんから、あくまでも心理学的メソッドの解説に止《とど》まりますが、子供の頃から繰り返し読んできた作品の世界に飛び込んで、何度も心を動かされた言葉の数々やストーリーにふれながら、心理学的なメソッドを紹介していくという新しい試みに、わくわくしています。

第五章では、『星の王子さま』にみられるパーソナリティの矛盾点について、一緒に考えていただきながら、大人の魅力や人間性について探求してみたいと思います。世界的ベストセラーの登場人物を心理解説しようという大それた試みではありますが、私自身、地道に10年、ビジネスパーソンのカウンセリング実績を重ねてきましたし、日本を代表する心理学関係の学会が協力して運営している「日本心理学諸学会連合認定心理学検定」に一度の受験で1級合格、「社会・感情・性格」という領域では、偏差値73を取得しています。心理学という分野で、少なからず勉強という努力を続けている者として、大目に見ていただければと思います。

大人の魅力とは？

もてるとは？

人間性とは？

明確な正解は出ないテーマだと思いますが、ぜひ皆さんと語り合ってみたいのです。

外見の魅力と経済力の関係

心理学者ディオンが行った〈対人魅力〉に関する実験をご紹介しましょう。

「かなり魅力的な男女」「平凡な魅力の男女」「魅力的ではない男女」の写真12枚を協力者の学生に見せ、写っている人の性格を想像させたというものです。

結果は「かなり魅力的な男女」は高く評価され、「平凡な魅力の男女」は低く、「魅力的ではない男女」は、さらに低く評価されました。

外見が魅力的な人は、「内面も優れている」と判断される傾向が強いことが、実証されたのです。

世界では、魅力と経済力の関係についての調査も、多数行われています。

イギリスで行われた調査では、魅力的な人は、平均より15％も収入が高いという結果が出ました。

アメリカでは、スポーツジムに通い、身体を鍛えている人は、平均より9％ほど収入が高いという結果が報告されました。

カリフォルニア大学の調査では、「魅力的な人」は、「平凡な人」よりも7％、「人目を引かない人」よりは12％も、高収入であると確認されました。

セントルイスで行われた調査では、「背が高く、美しく、スリムな人」はそうでない人よりも5％ほど収入が高いという結果がでました。

これらの結果から見ると、外見的に魅力のある人というのは、経済的にも恵まれる可能性があると言えそうです。

魅力的であれば、仕事上も成功しやすく、仕事で成功すると、さらに魅力もアップするという、好循環が生れます。魅力と成功のハッピースパイラルですね！

また、毎日のように目にする各種ランキングやコンテストの発表を見ても、「今、誰に

（何に）人気が集まっているか」ということには、多くの人が関心を寄せます。

先ほど私も、空港でお土産を買うときに、「人気№1」という表示に目がいきました。まわりにいたビジネスマン風の人たちも、同じように目を向けたり、手に取ったりしていました。

人気というのは、多くの人から、何らかの理由で〝魅力的だ〟と思われた結果です。誰が、何が、今魅力的だと思われているかという情報に、実は私たちは、無意識に強くとらわれているのです。

「魅力とは明瞭な質問をしなくてもイエスと言ってもらう方法である」

これは、フランスの作家、アルベール・カミュの言葉ですが、人気商品は売れ続け、人気者は、恋愛のチャンスに恵まれ続けるという傾向は、たしかにあるのです。

〈ベビーフェイス効果〉の力

求愛行動において、キリンは背の高さ、クジャクは鳴き声がポイントとなっているそうです。動物の世界では、その種によって魅力的とされるポイントが異なり、生存や子孫繁栄に影響します。

人間の赤ちゃんの可愛さも、一つの生きていくための力といえます。

生まれたばかりの赤ちゃんは、ただ横になっているだけで、何かを丁寧に頼んだり、お礼を言ったりもしませんが、こちらが世話をせずにはいられない、強い魅力を放ちます。

電車の中などで、赤ちゃんを抱っこした女性の隣に座った人が、顔見知りでなくても、赤ちゃんに笑いかける様子はよく目にしますよね。女性に限らず男性も赤ちゃんを目にすると、とたんに穏やかな表情になります。いつもそのような優しい表情でいてほしいものですが、赤ちゃんに見られる、弱く可愛らしいという特徴は、類似したものの魅力にも影響を与えています。

人には、「丸顔」「大きな頭」「大きな目」といった特徴を持つ人やモノを目にすると、赤ちゃんや幼児の持つ可愛さがイメージされ、大切にすべきだという意欲がアップするという傾向があるのです。〈**ベビーフェイス効果**〉と呼ばれています。ディズニーやアニメのキャラクターにも、よく見受けられる特徴ですよね。

同僚の結婚式に何人かで出席した際など、いつもは異性として意識したことのない同じ会社で働く女子社員が、ずいぶんとチャーミングに見えたという経験はありませんか？　髪をアップスタイルにしていると、頭が大きく見える分、顔が小さくまとまって見え、メイクなどで目もぱっちりして見えるので、いつもよりも魅力的に感じることも、多いのではないかと思います。

これは、男性の外見にも言えることで、歌手や俳優、アニメの主人公などのように、男性も髪型をふわっとさせて頭を大きく見せることで、より魅力的に見せています。

動物行動学者のコンラート・ローレンツによると、〈ベビーフェイス効果〉のような傾向は、人間だけでなく、多くの哺乳類にも見られる現象だそうです。

魅力的であることは、生まれてすぐの赤ちゃんの頃から、生きる力となり、恋愛や仕事、様々なパートナーシップの場面で大いに役立つのです。

ここまで、〈単純接触効果〉〈ベビーフェイス効果〉といった魅力に関する二つの法則を紹介しましたが、他にも心理学には魅力に関する法則が多数あります。

詩的夢想に満ちた世界的名作、『星の王子さま』を通して、魅力という生きる力について、ぜひ一緒に学んでいきましょう。

この本では、〝魅力とはどのようなものか〟というテーマについても前半で解説していますので、どうすればよいか、というコミュニケーションのヒントを先に知りたい人は、第四章から読んでみてください。

同じ毎日を過ごすなら、〝魅力的〟と思われたほうが得です。

女性の口コミ効果は絶大です。社内社外で、広く女性の心をつかむことができれば、同僚、上司、ひいてはトップの耳にも、評判が届き、信頼を得られることもあるでしょう。すると、さらに、女性からの人気もアップします。人生がますます楽しくなりますよ！

では、『星の王子さま』をテキストに、大人の魅力向上ワールドという大空を旅して参りましょう。まずは、より効果的なフライトのために、第一章〜第三章の地上訓練もぜひおつき合いください。

本書で使用している『星の王子さま』の引用文は、
岩波書店刊『星の王子さま―オリジナル版』、内藤《ないとう》 濯《あろう》 訳のものです。

第一章　なぜ女性は『星の王子さま』が好きなのか？

聖書の次に読まれている⁉

まずは、私たちのテキストである『星の王子さま』という作品について、復習しておきましょう。

『星の王子さま』は、１９４３年にアメリカのニューヨークで刊行された児童文学です（フランスでは１９４６年に刊行）。

作者のサン＝テグジュペリはフランスの作家ですが、彼は１９４０年末から１９４３年までアメリカに亡命しており、その間に書かれた作品なので、最初はニューヨークで発行されたのです。

47点の挿絵はすべてサン＝テグジュペリが自ら描いたもので、なかでも主人公である金色の髪のかわいらしい王子さまのイラストは、お話の内容は知らなくても見たことがある、という人も多いのではないでしょうか。

日本でも翻訳本の他、ミュージカルやアニメ、朗読ＣＤにもなり、様々なグッズも発売され、１９９９年には、『サン＝テグジュペリ』と『星の王子さま』をテーマにしたミュージアムが箱根に開園しました。作者の生涯と作品に関する展示を中心に、『星の王子さま』の世界観や１９００年代のフランスを再現した建物や庭園などが広がり、サン＝テグジュペリが幼い頃を過ごしたサン＝モーリス・ド・レマンス城に隣接する教会を模した、チャペルもあります。

「聖書の次に世界で読まれている」

これは『星の王子さま』の話題になると、よく耳にする言葉です。「List of literary works by number of translations」（多く翻訳された著作のリスト）を確認してみると、１位は２５５１語と圧倒的多数の「The Bible」、２位は「What Does the Bible Really Teach?」で２４４語、３位が「The Little Prince（星の王子さま）」で２１６語でした。

たしかに聖書に次いで多くの国や地域の言葉に翻訳され、読まれているようですね。

世界での発行部数は８０００万部を超えるとされています。日本では、岩波書店からの発行部数が６４０万部を超え、児童文学の単巻発行部数としては、国内トップとなっています。

『星の王子さま』のあらすじ

前述のように、大人気の『星の王子さま』、読んだことがない人もある人も、あらすじをおさえておきましょう。

『星の王子さま』の物語は、ある一人の飛行士が、語り手を務めながら進んでいきます。

その飛行士は、単独飛行中に飛行機の故障でサハラ砂漠に不時着し、水もあと1週間分くらいしかないという緊迫した状況におかれています。そこへ突然、金色の髪をした少年が現れて、いきなり「ヒツジの絵をかいて」と話しかけます。飛行士がいくつかのヒツジの絵を描いても少年は不満そう。モーターの取りはずしを急いでいた飛行士は、箱の絵を描いて「あんたのほしいヒツジ、その中にいるよ」とぶっきらぼうに言いました。すると少年の顔はぱっと明るくなり、「うん、こんなのが、ぼく、ほしくてたまらなかったんだ」と喜ぶのです。こうして飛行士は、それから数日間、飛行機の修理をしながらその少年の話を聞くようになります。

その少年は、小さな星からやってきた王子さまでした。星の大きさはせいぜい私たちの住む家くらいで、住人は王子さま一人。小さいながらも活火山が二つと休火山が一つあります。

ある日、その星に一輪の美しいバラが咲きます。王子さまはていねいに水をあげたり、夕方には寒さから守るための覆《おお》いガラスを被《かぶ》せたりと献身的に接しますが、勝ち気なバラとの会話はすれ違うばかり。ついに王子さまは失望し、自分の星を出てしまいました。

その後、王子さまは六つの星をめぐります。

バラのために、ついたてで風をさえぎる王子さま。

人に命令ばかりする王さまがたった一人で住んでいる星。

ほめる言葉しか耳に入らないうぬぼれ男が住んでいる星。

酒を飲むことが恥ずかしいので、それを忘れるために飲んでいるという呑《の》み助《すけ》の星。

星の数を数え、数えた星が自分のものであると主張する実業屋の星。

1本の街灯と、一人の点灯夫《てんとうふ》がやっと立てるほど極小で、点灯夫が命令だからと街灯を点《つ》けたり消したりしている星。

そして、海や砂漠を自分で見に行くことはなしに、探検家の話をノートにとってまとめているだけの地理学者の星。


王子さまはそれぞれの星でその住人たちと出会い、旅を続け、七つめの星として地球にやってきました。

かんじんなことは、目に見えない

地球の庭いちめんに咲く、無数の美しいバラの花を見た王子さまは、自分の星ではこの世にたった一つの珍しい花だと思っていたバラが、どこにでもあるあたりまえの花であったことを知り、残してきた一輪のバラを不憫《ふびん》に思い涙を流します。そこに現れたキツネは、王子さまに大切なことを教えてくれるのです。

「もう一度、バラの花を見にいってごらんよ。あんたの花が、世のなかに一つしかないことがわかるんだから」

「あんたが、あんたのバラの花をとてもたいせつに思ってるのはね、そのバラの花のために、ひまつぶししたからだよ」

「かんじんなことは、目に見えないんだよ」

放っておくと危険なバオバブ

出会ってから3日目に、飛行士は王子さまから恐ろしいバオバブの木の話を聞きました。

バオバブは放っておくと教会堂のように大きく成長してしまう木で、小さい星でこれが育ちすぎると星が破裂してしまう恐れがあるため、王子さまはバオバブの芽を見つけると、すぐに根絶《ねだ》やしにしてしまうのだそうです。
そして、バオバブを放り出しておくととんだ災難になるのだということを世の中の子供たちにしっかりと知らせるために、〝怠《なま》け者が3本のバオバブの木を放っておいたがために、小さな星を埋め尽くされてしまった〟という絵を飛行士に描くようにすすめます。その絵は、飛行士が王子さまのために数枚描いた絵の中でも、いちばんの力作になりました（45ページの絵を参照）。

ヘビに噛まれ、バラのもとへ

飛行機が砂漠の中で故障してから8日目、飛行士の飲み水も底をついてしまいました。「のどがかわいて死にそうだ」と言う飛行士に、「ぼくも水がのみたいから……井戸をさがそうよ」と、王子さまが言い、二人は果てしない砂漠の上で、井戸を探しに歩きだしました。
そこで王子さまは、このような言葉を飛行士に伝えます。

「水は、心にもいいものかもしれないな……」

「星があんなに美しいのも、目に見えない花が一つあるからなんだよ……」

「砂漠は美しいな……」

「砂漠が美しいのは、どこかに井戸をかくしているからだよ……」

夜が明けるころ、ついに二人は井戸を見つけます。水を飲んでほっとしていると、王子さまが、明日は自分が地球に降りてきて1年目の記念日になるといいました。別れを感じさせるような話が始まります。

とりかえしがつかないことが起こりそうな気がした飛行士は、あくる日の夕方、井戸のそばにむかいました。すると王子さまは、黄色い毒蛇《どくへび》に嚙《か》まれようとしているところでした。星に残してきたバラのもとに戻るためには、王子さまの身体は重すぎるからです。王子さまと別れたくない飛行士は、なんとかひきとめようとしましたが、結局その夜、王子さまの身体は一本の木がたおれでもするかのように、静かに砂の上にたおれるのです。そして、夜が明けると不思議なことに、王子さまの身体は、どこにも見つかりませんでした。

それから6年が経《た》ち、飛行士は、あきらめがついたわけではありませんが、小さな星に戻った王子さまやバラ、ヒツジの様子を想像しては、夜になると空に光る星たちに耳をすまし、すごしています。そして、私たちに、「空をごらんなさい」と語りかけるのです。

『星の王子さま』の詩的喚起力

『星の王子さま』の話は、飛行士でもあったサン゠テグジュペリが、実際に、操縦していた飛行機でリビア砂漠に不時着し、5日間砂漠をさまよったときの経験が、一つのベースになっていると考えられています。

また、長く愛されている魅力の一つとして、心に響く言葉が数多くちりばめられているところがあげられます。たとえば次のようなものです。

「心で見なくちゃ、ものごとはよく見えないってことさ。かんじんなことは、目に見えないんだよ」（キツネ）

夜空に砂漠……静かで果てしない広がりを感じさせる夢想的なストーリーと、哲学的ともとれる、心に響く言葉の数々により、「星の王子さま」という言葉を耳にしただけで、独特な雰囲気に包まれるものです。

ある調査で、「星の王子さま」という言葉からイメージする言葉を10個あげてもらい、そのデータをもとにKH Coderというソフトを使って作成した共起ネットワークという図があります（32ページ参照）。

バラ、キツネ、サン＝テグジュペリなどの登場人物や名詞を除き、心理的な状態を表す言葉を抜粋してみると、主にあがったのは「優しい」「孤独」「純粋」「愛」の四つでした。

同じような調査を数回、対象を替えて行ってみたところ、『星の王子さま』を読んだことがある人でも、読んだことがない人でも、同じような結果になりました。この物語を一度も読んだことがない人でも、人生の中で何らかのかたちで作品にふれ、読んだことがある人と類似した詩的喚起が起こるのでしょう。

詩的喚起力とは、詩のようにまとまったかたちで、美しいさまを呼び起こさせる力のことをいいます。

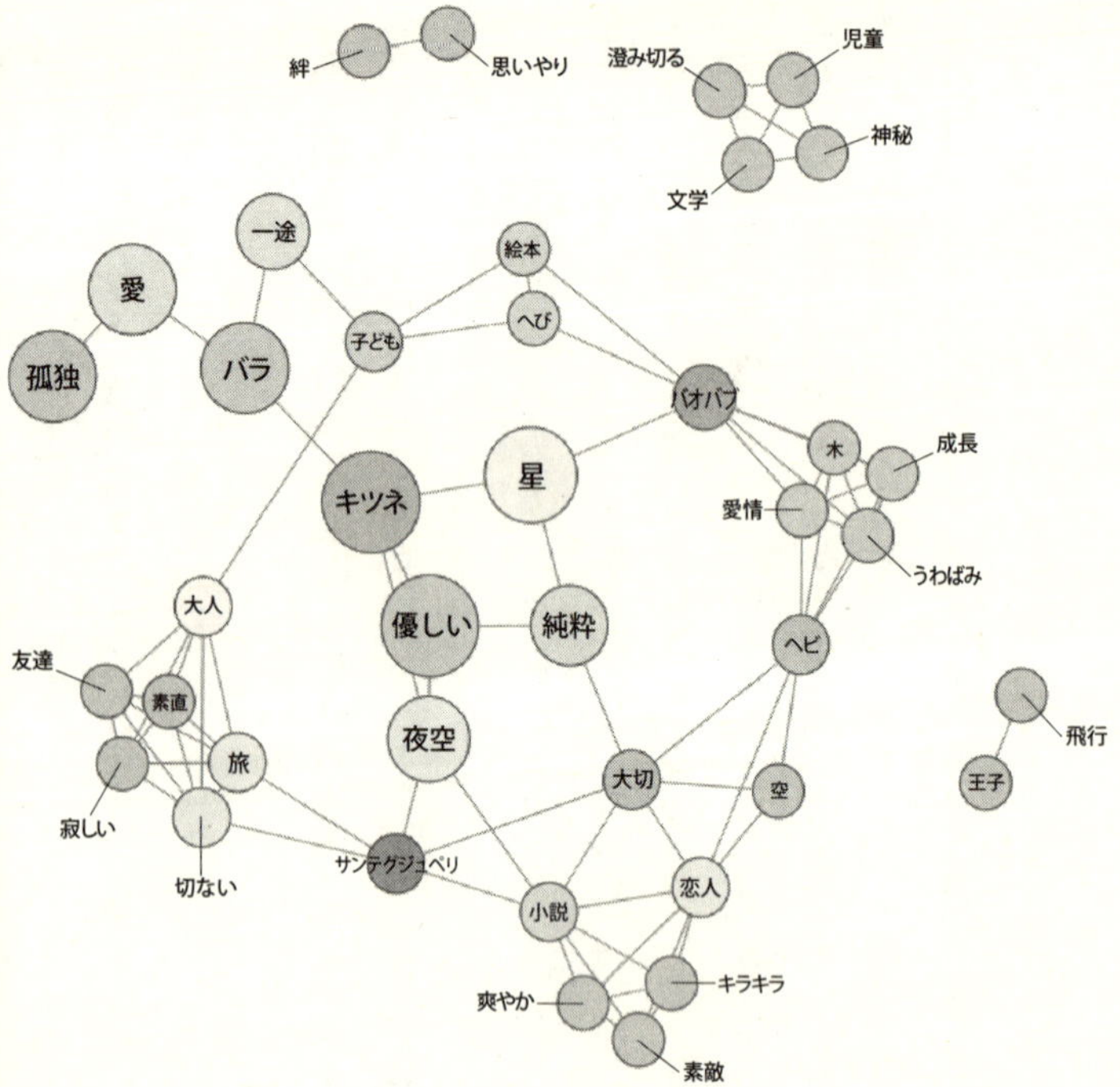

『星の王子さま』からイメージする言葉。字が大きいものほど回答の数が多い。
共起ネットワーク（KH Coder使用）

「優しい」「孤独」「純粋」「愛」。この四つの言葉を続けて口にしたり、その文字を読んだりすると、なんともいえない不思議な穏やかさに包まれます。この、〝なんともいえない不思議な穏やかさ〟は、『星の王子さま』の詩的喚起力の一つであり、多くの人の心を強く魅了する一面であると思います。

「孤」を持つ男性の魅力

『星の王子さま』のイメージであげられた、「優しい」「孤独」「純粋」「愛」。この中で、「孤独」を取り上げて考えてみたいと思います。
「優しい」「純粋」「愛」という三つの言葉を並べたときと、「孤独」が加わるときとでは、包まれる穏やかさの質が、かなり変わるように感じたからです。

そういえば、『星の王子さま』のお話に出てくる登場人物は、基本的に一人で過ごし、一対一でコミュニケーションをとっています。「誰かに頼みごとをするので口添えしてもらう」とか、「この人といたら利がありそうだから一緒にいる」というような様子はありません。

孤独というものは、そう悪いものではないのだと思います。一人であるということを感じる中での優しさや純粋さや愛……「孤高《ここう》」とでもいいましょうか、美しい孤独……。

フィクションの世界でも、書店にコミュニケーション指南書がずらりと並ぶ現代において、「ガリレオ」シリーズの湯川学、ドラマ『相棒』の杉下右京、シャーロック・ホームズなど、「孤」として存在できる人に圧倒的な支持が集まっています。

彼らの共通点は、誰が何を言ったとか、人間関係のいざこざに左右されたり巻き込まれたりしていないということだと思います。彼らはみな、〝なんかちょっと違う〟世界にいるのです。仕事を通して社会の役に立ちながら、日常的なコミュニケーションにおいては、まったくスポイル（spoil＝損なう、台無しにする）されていないというところが一つの特徴です。

孤独な時間こそ、人間としての深みをつくるのかもしれません。一人でいられること、一人の時間をちゃんと持っていることは、人間的魅力にとって大事なポイントなのではないでしょうか。

誰かといつもコミュニケーションをとっていないと不安になる傾向が、人間にはどうしてもあります。特に女性はその傾向が強いので、「孤」で平気にしている人の姿を見ると、その人は精神性が高く、頼りがいがあると感じるものです。孤を感じさせる人の言葉は相手にとても響きます。いつも暇そうにしていて、常に誰かと一緒にいるのが好きな人が興味を持ってくれるのと、何らかの目標に向かって進みながら、一人でいるのも好きな人が興味を持ってくれるのとでは、特に女性は感じる喜びや価値、そして緊張感がまったく違ってくるのではないでしょうか。

Bさんという女性は、学生時代に「ミス○○大学」に選ばれたほどの可愛らしい美人で、勤めた会社でも人気者でしたが、結婚した男性は、物静かで特には目立たない男性でした。その男性は、歓送迎会などの行事には参加し、それはそれで楽しそうにしていますが、その他の会には、ほとんど参加しません。いつも黙って仕事に集中し、残業も少なく、仕事が終わればさっと帰っていきます。遅刻や欠勤もありません。軽口やおせじを言うこともないので、Bさんどころか、女性にも興味がないのかと思っていたところ、納涼会の帰りに偶然電車で二人になったときに、「もしよかったら……」と、映画に誘われたそうです。週末に一緒に映画を観た際、音楽や映画にもくわしく、楽しく話ができ、「この人なら、二人だけの特別な関係を築けそうだ」と感じ、すぐに結婚を意識するようになったそうです。

ある女性Cさんの上司は、仕事ができ、厳しいイメージのある50代の男性で、忘年会などの際は、部のメンバーを見守るかのように静かに飲んでいるタイプだそうです。ある日、仕事で遅れて部の親睦会に参加したCさんは、上司の隣に座ることになりました。緊張して、何を話していいかわからず、つい、仕事が忙しくてすれ違いがちになっている交際相手の愚痴を言ってしまったそうです。すると上司は、「お互いに見つめ合うことではなく、同じ方向を見つめることが大事だ」というサン＝テグジュペリの言葉について話し、『星の王子さま』の話題や、お子さんの話をしてくれたそうです。聞いているうちにCさんは、上司のことを仕事ができるだけでなく、自分の世界を持ち、大切にしている人だと感じ、奥さんが羨《うらや》ましく思えるほど、魅力を感じたと話していました。

仕事ができ、「孤」という魅力を持っていて、簡単には誰かを誘わないような男性から好きになってもらえたら、女性は、感動すら覚えるのかもしれません。

ビジネス書の間にこの本を！

人は、目にするものの詩的喚起力に強く影響されることがわかっています。どのようなイメージが思い起こされるかで、抱く感情や行動が左右されるのです。

たとえば「老人」をイメージさせる言葉を耳にすると、無意識に歩くのが遅くなるということが、心理学的実験から実証されています。

ある男性の、ビジネス書や専門書がびっしり並ぶデスクや本棚に1冊、子供の頃から、そのまま捨てずに持ち続けていたような、少し古くなった『星の王子さま』が、見落としてしまうくらいの存在感で、そっとはさまれていたらどうでしょう。

その男性のイメージは、『星の王子さま』の本と一緒に記憶されるので、「優しい」「孤独」「純粋」「愛」といった、なんともいえない不思議な穏やかさのある詩的喚起力の影響を受ける可能性があります。そのようなイメージを抱いた側の女性のほうは、心理的メカニズムについては気にもとめていないでしょうから、不思議な穏やかさに包まれる感じをその男

性自身がもつ魅力として、記憶するかもしれません。すると、

「あれ？　この人は他の人とは違うかも……」

と、期待を含む良い印象を与えることができるでしょう。

『星の王子さま』だけでなく、ビジネス書や専門書が多く並んでいることで、社会性の高さや堅実さも強く印象に残り、「仕事ができ、堅実、『星の王子さま』の世界観もそっと大切にできる大人」といった印象を与えると思います。

そのような好印象は、一人、また一人と伝わって、女性のファンが増えていきます。

〝ビジネス書の間に『星の王子さま』を1冊〟という詩的喚起力……

ピーター・ドラッカーやスティーブ・ジョブズなどのビジネス関連書や専門書がずらりと並ぶ書棚にさりげなく置かれていたり、同じくビジネスや語学に関する電子書籍一覧の中にアイコンがさりげなく入っていたりする、その程度であれば押しつけがなく、効果的なので

はないでしょうか。

「あなただけ」と、選ばれたい

『星の王子さま』から連想するイメージには、「一途《いちず》」という言葉も多く見られました。たった一輪のバラを思い、星に戻る王子さまの印象が強いのでしょう。

ＳＮＳやインターネットを使ったコミュニティや通信手段が普及し、その気になれば、誰でも簡単に匿名で、多くの人とすぐにつながれる社会にはなったものの、そのようなイージーな関係で得られる満足は、一対一のゆるぎない絆から得られる満足とは、大きく違うものなのでしょう。

『星の王子さま』の名前は知っていても、読んだことはないという男性も多いと思いますが、一途さ……「あなただけ」と選ばれるということは、女性だけでなく、男性の心も動かします。

「一途」という言葉は、男性同士の会話では、話題になることも少ないと思いますし、照れや苦手意識から、強いられると拒否感を示す人もいますが、一途に人と接してみれば、世界が変わることもあります。妻やパートナー、家族、部下、友人など、関わると決めた人と、一対一のしっかりとした絆を築いているという姿は、かっこいいものですし、そうでない男性は、甘く見られます。実のところ心の奥では、〝誰かと一途に思い合いたい〟という気持ちがある男性も、多いのです。

心理学者のウォルスターの行った実験をご紹介しましょう。
男子大学生に、5人の女性のプロフィールを紹介し、その中で、誰にどの程度好意を抱き、誰と一番デートをしたいかを尋ねるというものです。
女性のプロフィールには、人種や身長といった情報の他に、「紹介された5人の男性に対して、どの程度デートしたいと思ったか」を回答した情報も入っていました。その5人の中には、そのプロフィールを手にし、見ることになる男性も含まれているという設定です。そしてそこには、以下のような結果が書かれています。

女性①：5人の男性全員に高い点をつけている
女性②：5人の男性全員に低い点をつけている
女性③：「まだ情報が得られていない」と書かれている

女性④：③と同じく、「まだ情報が得られていない」と書かれている
女性⑤：このプロフィールを手にする男性にのみ高い点をつけ、それ以外の４人には低い点をつけている

いかがでしょう？　男子大学生は、誰にでも高い点をつける①の甘い女性に惹かれるのでしょうか？　それとも、誰にでも厳しい点をつける②の女性に、チャレンジしたくなるのでしょうか？

実験の結果、５人の女性に対する好意度の評価は、女性⑤が、もっとも高くなりました。そして、実験に参加した71人の男子大学生のうち、42人が、一番デートしたいのは女性⑤だと回答しました。

「あなただけ」とはっきりと意思表示すると、好感を持たれ、恋愛のパートナーとしても好ましく思われるということになりますね。

恋愛に限らずビジネスシーンでも、「あなただけ」というメッセージは、心にささります。ある女性Ｄさんは、新入社員の頃、一通りのＯＪＴ（オン・ザ・ジョブトレーニング、On-the-Job Training）を終え、配属が決まったものの、希望の部署ではなかったために不

安を感じていました。ところが配属初日、上司から、このような言葉をかけられたので不安は吹き飛び、やる気がアップしたそうです。

「Dさんだけは、どうしても、うちの部署にしてほしいと、僕が希望したんだよ」

すると、その言葉を聞いていた周りの人たちも、「一緒にがんばろうね」と口々に声をかけてくれたそうです。たった一言で信頼関係の基礎ができ、周りにも良い影響が広がった瞬間でした。

一途さは、恋愛のパートナーはもちろん、その他の人にとっても、高い評価を得られる魅力といえそうです。そして、「一途」という在り方の大切さは、『星の王子さま』から多くの人が受け取るものの一つです。

第二章　『星の王子さま』から考える日本社会の危険な一面

バオバブの木が象徴するもの

魅力に関する解説にうつる前に、今の日本社会でどのような魅力が求められているのかを探るためにも、社会の様子を少し振り返ってみたいと思います。

『星の王子さま』では、放っておくと星を危険な状態にするものとして、バオバブの木が描かれています。

ちなみにバオバブとは、樹齢数千年は可能と言われる生命力の強い植物で、種は油、樹皮は解熱剤にもなります。アフリカの人々にとっては、その加工品や実が、重要な収入源になっています。

物語の中で、王子さまが住んでいた星には恐ろしいバオバブの種があり、星の表面はその種の毒気にあてられていたと書かれています。早く追い払わないとバオバブが星の一面にはびこってしまい、その根で星を突き刺して星が破裂してしまうので、王子さまはバオバブの

３本のバオバブの木。実は、日本も関わりがあったとは!?

芽が育っているのを見つけるたびに、一つ残らずこまめに引き抜いていたのです。

地球にきた王子さまは、飛行士にバオバブの木を描くことをすすめます。

「フランスの子どもたちが、このことをよく頭にいれておくように」

という言葉を添えて。飛行士は王子さまに教えられながら、怠け者が住む小さな星に生い茂る、3本の巨大なバオバブの絵を描くのでした。

『星の王子さま』は、第二次世界大戦中に書かれたため、ここで出てきた3本のバオバブの木についての主な解釈としては、当時の地球を覆うファシズムをあらわしたもの、三国同盟を結んだ枢軸国《すうじくこく》、ドイツ・イタリア・日本であり、バオバブの芽を抜くことを怠《おこた》った怠け者とは、全体主義を見過ごした自由主義陣営の国際社会とされています。

物語の中で飛行士は、王子さまのために数枚の絵を描きますが、その中でもこの3本のバオバブの木の絵は、質感、色合いともに迫力があり、抜きん出ています。明らかに力を入れて描かれているのが伝わってきます。

ですから、ぼくは、一度だけ日ごろのえんりょをぬきにして、こういいましょう。〈おーい、みんな、バオバブに気をつけるんだぞ！〉ぼくがここにバオバブの絵をかいたのも、ぼくの友人たちが、ぼくと同じように、もう長いこと、知らないで危ないめにあいかけているので、気をつけるんだよ！　といいたいためです。（飛行士）

このように文章からも、一生懸命な様子が伝わってきます。

放っておくとはびこってしまう危険なもの、バオバブの木として表現されるような脅威は、どの時代にも、どの地域にも必ずといっていいほどあるものです。今の時代に置き換えてみると、３本のバオバブの木は、何を象徴しているのでしょうか。

現代の日本社会の水面下ではびこりつつある脅威……。あなたは何だと思いますか？

人それぞれ意見が異なると思いますが、私は、『星の王子さま』では〝好ましくないもの〟として描かれているもので、〝今の日本に広がりつつある危険なもの〟という視点で考えてみました。
それは、〈ステレオタイプ〉「不誠実」「短絡的思考」です。
この三つの傾向を持つ人は、一時的にもてはやされることはあっても、長く続くゆるぎない好感を得ることはできず、結局、誰一人として幸せにすることもできないのです。

好ましくない〈ステレオタイプ〉

〈ステレオタイプ〉とは、レッテルをはって、決めつけること。「学校の先生だから」「医者だから」、「○○高校卒だから」「○○大学卒だから」、「男だから」「女だから」……と、肩書や学歴や性別で決めつけて物事を判断しようとすることです。よい意味で使われる場合もありますが、悪く使われるケースが多いものです。

『星の王子さま』の話の中で、〈ステレオタイプ〉に関する記述が出てくるのは、次のようなところです。

ところが、着てる服が服だというので、だれも、その天文学者のいうことをほんとにしませんでした。おとなというものは、そんなものです。（飛行士）

ある天文学者が、自分が発見した星について万国天文学会議で証明をしようとしたのですが、着ている服のために、誰も彼の話を信じませんでした。その後、ヨーロッパ風の立派な服を着て再び証明をすると、みんながその天文学者の言うことを受け入れたのです。

おとなの人は、かんじんかなめのことはききません。—中略— 〈目方《めかた》はどのくらい?〉とか、〈おとうさんは、どのくらいお金をとっていますか〉とかいうようなことを、きくのです。そして、やっと、どんな人か、わかったつもりになるのです。(飛行士)

大人は、子供が新しくできた友だちの話をすると、「どんな声?」とか「どんな遊びが好き?」とは聞かずに、その人は何歳だとか、その人のお父さんはどのくらいの収入があるのかを聞きたがり、それでその友だちのことをわかったつもりになるのだと、書かれています。

これらの記述から察すると、〈ステレオタイプ〉的な視点でわかったつもりになっている人が増えていることに対して、著者も好ましく思っていなかったのではないでしょうか。

〈ステレオタイプ〉が増える理由

それにしても、なぜ〈ステレオタイプ〉な人間が、増えてしまうのでしょうか。

実は、私たちは、対象となるある物や人について「何であるか」を認識するときに、「それがどういったカテゴリーに属するものなのか」をまず理解するのです。

たとえば、有名なお菓子屋さん（仮に「プチ・フランス」という名前のお菓子屋さんだとします）のクッキーが目の前にあったとします。それを見たときに、私たちは「クッキー」という商品カテゴリーや、「プチ・フランス」というブランドカテゴリーで、まずは理解します。

とくに人を見知るときは、「男性」「女性」「大人」「子供」「日本人」など、その人が属すると考えられるカテゴリーの情報が脳の中で〝活性化〟しやすいということがわかっています。

つまり、私たちが物や人を認識するシステムは、過去の体験や既知の知識による〈**カテゴリー化**〉に基づいていると言えるのです。

テイラー・S・Eという人たちが、あるおもしろい実験をしました。それは、男女3人ずつ計6人がディスカッションしている録音テープを被験者に聞かせるというものです。テープを流すと同時に、発話者（喋っている人）の写真が、次々にスクリーンに映し出されます。その後、被験者に、ディスカッションでみられた発言を呈示し、「これを言っていたのは誰でしたか？」と質問し、どの人物の発言だったかをあてさせます。

当然、その答えには誤りがあるのですが、性別間の誤りよりも、性別内での誤りの方が多く起こりました。

つまり、男性が言っていたことを女性が言っていたという間違いはほとんどなかったのですが、女性Aさんの発言を「女性Bさんの発言だ」と答えるなど、同性の発言者間での間違いが、とても多くなったのです。

この実験からわかるように、人というのは指示されていなくても無意識に「男」「女」などのカテゴリーに基づいて人をとらえ、そのカテゴリー間の差が強調されると同時に、カテゴリー内の差は無視されがちになります。

男性が言っていたこと、女性が言っていたこと、という範疇《はんちゅう》では明確に記憶に残るけれど、3人の女性の中で誰が言っていたのか、となると、女性同士の中での差はかなり無視されます。つまり、同じカテゴリーとみなされたものの中の個性は軽視されやすくなるのです。

「女だから」「男だから」「○○出身だから」……このような言葉でひとくくりにされると、カテゴリーでくくられてその先の個性が軽視されるような印象を受けるものです。

言われたほうがなんとなく面白くない気分になるのは、そのような背景もあると考えられます。

また、歳を重ねるにつれて、今度は自分が、「○○会社の○○部長だ」など、肩書を特に主張するようになる人もいます。そのような傾向がエスカレートすると、肩書の優劣にばかり意識が向くようになってしまい、目の前にいるその人そのものがしている努力や人間性を見誤ってしまいます。

人を推論するための2種類の情報

人が、人のパーソナリティを推論する過程で用いる情報は、主に次の2種類です。

1　集団カテゴリー

性別、職業、人種、出身地、出身校など、何のカテゴリーにその人が属するのかという情報

これは、一般情報であり、私たちが経験値として、知識として持っている記憶と照らし合わせながら、「この人はこれに当てはまる」というように推論していくものです。

2　一人一人／個人についての個別の情報

話し方、考えや好み、夢や目標、その人が個別にもつ情報

これは個人的に持つ情報で、「目が大きい」とか「ゆっくりと話す」など、それら一つひとつをまとめて描き上げるように推論していくものです。

フィスクという人が中心になった研究の「連続体モデル」（１９９０）では、それらの情報の処理方法について、紹介されています。

①「カテゴリー依存型処理（Category based processing）」
集団カテゴリーに関する情報に基づいて判断する処理

②「ピースミール処理（Piecemeal processing）」
個人の個別の情報に基づいて他者を判断する処理

ある人と初めて出会ったとします。まず〈カテゴリー化〉が起こり（あ、女性だ、という感じ）、①の処理が行われます。特に興味がなければ、そこで情報処理は終了となります。

その人物に関心があり、その人をくわしく知ろうとする場合には、（あ、女性であり、髪の長い人だなというふうに）個別情報とカテゴリー情報の一致が検討されることになります。一致した場合には、ここで処理が終了となります。

そうでない場合は、個別情報とカテゴリーの一致が再検討され、それでも一致しない場合は、②の処理が行われます。

②の処理は、個々の情報の吟味が必要で（たとえばクッキーの場合だと「これは何味なんだろう」とか、「サクッとしているな」など）、情報を処理するためにより多くの労力を必要とすることになります。

人を見知るとき、「ＯＬさん」「学生さん」など、〈カテゴリー化〉してすませてしまうのは、とてもラクですよね。一方、個々の情報から人を知るという作業は、労力を要するので、疲れるし、面倒に思うこともあります。

しかし、その労力をはらってくれた人に対して、人は感動します。

Ｅさんという女性は、背が高いことがコンプレックスでしたが、女性誌の読者モデルをすることで、そのコンプレックスを克服しようとしました。紙面に載る自分の姿を見て、背が高いのも良いことだと、やっと思えてきたころ、今度は周りから、目立ちたがり屋だと思われるようになり、本当の自分とのギャップに悩みはじめました。そのようなときに編集担当の男性から、「Eさんは、いつも周りに気を配って優しいから、人の気持ちがよくわかるんじゃない？　書く仕事もしてみたら？」と声をかけられたそうです。

Eさんはその言葉で、小学生の頃にクラス新聞などを友だちと作るのが好きだったことを思い出し、もっと自分らしいことを探してみようと明るい気持ちになれました。そしてそのような言葉をかけてくれた男性を信頼し、安心していろいろなことを相談するようになりました。

「本当の自分をわかってくれる人がいい」

そう思う人は、多いのではないでしょうか。

「学歴」が結婚相手の条件

〈カテゴリー化〉された情報だけで片づけてしまう傾向が強くなると、〈ステレオタイプ〉的なコミュニケーションが習慣化されていきます。〈カテゴリー化〉してしまえば、噂もしやすく、「ああ、○○だからね」とすぐに何かにあてはめて決めつけることができ、人は、何らかの理由づけができると安心するので、〈カテゴリー化〉しただけなのに、あたかも相手のことがわかったような気がして、簡単に安心してしまうのです。しかし、それは表面的な理解にとどまりがちだということを忘れてはいけません。

厚生労働省のデータで、結婚相手に求める条件というのを見てみると、女性が男性に「学歴」を求める比率が、8年の間に約44%から約53%と、じわじわと上がっています。男性が女性に求めるものとして「学歴」をあげた人も、21%（2002年）から約26%（2010年）と上がってきました。

いまは中学受験のために塾にかける費用が年間約100万円にもなるそうです。もちろん塾によって差はあるでしょうし、首都圏が中心の傾向だと思いますが、このような金額もじわじわと増えてきたものなのではないでしょうか。

〈ステレオタイプ〉傾向が強まりつつある一つの現れのような気がしています。

〈ステレオタイプ〉傾向は、必ずしも悪いことではありませんが、エスカレートしたときに、格差社会や偏見を生んでしまいます。

「かんじんなことは、目に見えないんだよ」(キツネ)

本当にそうだと思います。

なぜ「不誠実」が増えたのか?

誠実とは、真心をもって、人や物ごとに対することをいいます。

「魅力あるもの、キレイな花に心を惹かれるのは、誰でもできる。だけど、色あせたものを捨てないのは努力がいる。色のあせるとき、本当の愛情が生まれる」

これは、12歳でクリスチャンの洗礼を受け、フランス留学も経験、『ひとりを愛し続ける本』(講談社)という著作もある遠藤周作の言葉ですが、今の日本では、「色あせたら、場合によっては、捨ててしまう」という人が、少しずつ増えているように感じます。新しいものや人が、簡単に手に入るようになってきたからかもしれません。

あらゆる商品で次々にニューモデルが出ますし、携帯電話やＳＮＳの普及で、約束をするのも、待ち合わせも、約束を取り消すのも、劇的に簡単になりました。

『星の王子さま』では、ものや人を大切にしない、きまりを守らなくなった人間の様子が、〝好ましくないもの〟として描かれています。

「人間ってやつぁ、いまじゃ、もう、なにもわかるひまがないんだ。あきんどの店で、できあいの品物を買ってるんだがね」（キツネ）

「人間のやつ、いまじゃ、友だちなんか持ってやしないんだ」（キツネ）

「……きまりがいるんだよ」（キツネ）

「そいつがまた、とかくいいかげんにされているやつだよ」（キツネ）

また、次のような言葉からは、きまりを守ること、関わることになった人やものをずっと大切にすることの美徳が読み取れます。

「そいつが（きまりが）あればこそ、ひとつの日が、ほかの日とちがうんだし、ひとつの時間が、ほかの時間とちがうわけさ」（キツネ）

「あんたが、あんたのバラの花をとてもたいせつに思ってるのはね、そのバラの花のために、ひまつぶししたからだよ」（キツネ）

「めんどうみたあいてには、いつまでも責任があるんだ。まもらなけりゃならないんだよ、バラの花との約束をね……」（キツネ）

少子高齢化が進む日本で、簡単に人を切り捨てる風潮が広まってしまったら、見捨てられる不安が蔓延《まんえん》し、歳を重ねることを怖いとさえ思う人も、増えてくるのではないでしょうか。

結婚というかたちをとっている人たちの中でさえ、パートナーとの関係の永遠性に、うっすらとした疑心や不安を感じ、見て見ぬふりをしている人もいます。

あなたがすでに人生のパートナーと出会い、共に生活しているのだとしたら、その人に一度、「**自分は、役割を果たすという幸せを選ぶ**」と、はっきりと伝えてみることをおすすめします。

「**たとえ、どんなにそれが小さかろうと、ぼくらが、自分たちの役割を認識したとき、はじめてぼくらは、幸福になりうる、そのときはじめて、ぼくらは平和に生き、平和に死ぬことができる**」

これは、サン＝テグジュペリの言葉です。また、このようにも語られています。

「**死というものは、それが正しい秩序の中にある場合、きわめてやさしいものだ**」

私たちは、妻や夫、家族、友人……大切にすると決めた人との関係性の中で、役割を見出し、それを日々果たし続けたときに幸せになります。そして、そのような人は、時がきて他界したとしても〝半分しか死なない〟のです。誰かの内に受け継がれる人間性として、生き続けることができるからです。こうして受け継がれる純朴《じゅんぼく》な美しさこそ、土地土地に生き続ける命であり、人間のゆるぎない魅力であり、今すぐ皆で声をかけ合い、大切にしていきたいものだと思います。

「短絡的思考」の社会の怖さ

物事の本質や筋道をあまり深く考えずに、安易に結論を急ぐ傾向を短絡的思考といいます。物事を表面的にしか見ようとせず、客観的に自分自身を批判することを怠りがちです。

世の中が便利になり、何でもすぐに手に入るようになったがゆえの傾向だと思うのですが、「今さえよければいい」「自分さえよければいい」という考えは、ビジネスシーンでは、問題の先送りや自転車操業、責任のなすり合いにもつながります。短絡的思考は、犯罪にもつながりやすい考えでもあり、譲り合いや助け合いの精神からは大きく離れて行きます。

星の王子さまは、めんどうなバオバブの芽を抜く作業にも前向きです。

「とてもめんどくさい仕事だけど、なに、ぞうさもないよ」

自分の星にいたときにも、王子さまはいつもバオバブの芽を抜いたり、小さな火山のすすはらいをしたり、火山の上で食事をあたためたりして、日々のことを淡々とこなしていました。バラの花には念入りに水をあげ、風よけのついたてを立ててあげたり、寒さから守るガラスの覆いをかけてあげたりしていたのです。

そんな王子さまが地球を訪れる前、六つの星を巡るなかで唯一仲良くなれそうだと思ったのは、5番目の星の、きちょうめんに街灯を点けたり消したりしている働き者の点灯夫でした。

王子さまは、もっと遠くへ旅をつづけながら、こう考えました。――あの男は、王さまからも、うぬぼれ男からも、呑《の》み助《すけ》からも、実業屋からも、けいべつされそうだ。でも、ぼくにこっけいに見えないひとといったら、あのひときりだ。それも、あのひとが、じぶんのことでなく、ほかのことを考えているからだろう。

「ぼくは、あのひとだけ、友だちにすればよかったなあ」(王子さま)

短絡的思考の蔓延は、勤労意欲の低下や不公平感を生み、身勝手な行動を増やします。そのままにしておくと、安心して暮らすことができない社会を徐々に招くことになってしまうのです。

新しいタイプの孤独社会

水面下ではびこりつつある脅威というものは、他にもあると思いますし、地域ごと、組織によっても異なるかもしれません。この本では、『星の王子さま』では〝好ましくないもの〟として描かれ、今の日本に広がりつつある脅威として、「ステレオタイプ」「不誠実」「短絡的思考」をあげ、解説してきました。

私も一度だけ、バオバブの絵を描き上げた飛行士のように、日頃の遠慮をぬきにして、こう言いましょう。

〈おーい、みんな、「ステレオタイプ」と「不誠実」と「短絡的思考」に気をつけるんだぞ！〉

今の日本は、衛生的で便利。ある程度のものは何でも簡単に手に入り、イージーにたくさんの人とつながることができるのに、なんとなく心が、完全には満たされない、新しいタイプの孤独社会です。今日幸せそうにしている人でも、明日はちょっとした寂しさや失望を経験するという可能性は、誰にでもあると思います。

自分の星を見上げ、王子さまはヘビと、このような会話をしています。

「砂漠って、すこしさびしいね……」（王子さま）

「人間たちのところにいたって、やっぱりさびしいさ」（ヘビ）

「もし、あんたが、いつか、あんたの星が、なつかしくてたまらなくなって帰りたくなったら、おれが、あんたをなんとか助けてやるよ」（ヘビ）

「なぞは、みんなおれがとくさ」（ヘビ）

心を完全に満たすものというのは、よその星で探しても、見つからないのかもしれません。まずは、身近な人の心をしっかりつかみ直すことがきっと大切です。そのためにも時代を超えて愛され続けている『星の王子さま』をテキストに、相手の心を満たし、つかみ、幸せにするコミュニケーションを学んでみようではありませんか。

第三章　『星の王子さま』に教わる魅力の磨き方

〝魅力〟を生む三つの成分

人の心を惹《ひ》きつけて、夢中にさせてしまう力を〝魅力〟といいます。

心理学では〈対人魅力〉という分野として研究が進んでいることは、冒頭でふれましたが、そもそも〝魅力〟とは、いったいどのようなことをいうのでしょう。具体的な手法に入る前に、少しふれておきましょう。

「すぐれたところがありながら疎《うと》んじられる人がおり、欠点だらけでも好かれる人がいる」

これは、フランスの貴族でモラリスト文学者、ラ・ロシュフーコーの言葉ですが、たしかに何かに優れている人が必ずしも人から好かれるとは限りませんし、周囲に迷惑ばかりかけているのに、なぜか人気者という人もいます。

心理学者のバーシェイドとウォルスターは、魅力には三つの成分があるとしました。

〈感情〉〈認知〉〈行動〉です。順番に見ていきましょう。

〈感情〉

私たちは、特に意識を向けなくても、いつも何かを感じ取っています。

仕事が予定していた通りに進まないと、苛立《いらだ》つ
恋人からメールが届くと、嬉しくなる
失恋したばかりの相手の写真を見ると、悲しくなる
並んでいたのに割り込みされると、怒る
親しい友人とのランチは、楽しい

なんとはなしに感じ取っているもので、程度の差こそあれ、快・不快に分かれます。このような快・不快は、ものや出来事に対しても起こりますが、人に対する場合、**〈対人感情〉**と呼びます。そして、〈対人感情〉が快に近い相手は、魅力的と判断され、不快に近い相手は、魅力的ではないと判断されます。

〈認知〉

私たちは、他者に関する何らかの情報を持っています。その情報によっては、相手へ持つ印象が左右されます。

★Aさんの情報
テニスが趣味
日本人とフランス人とのハーフ
代官山の一戸建てに住んでいる

★Bさんの情報
音楽が趣味
横浜出身
渋谷のマンションに住んでいる

いかがでしょう。Aさん、Bさん、どちらも会ったことはないですが、たった三つずつの情報でも、なんとなく、その人に対するイメージが浮かんでくると思います。

このような人に関する情報を手がかりに、人の性格などの特徴を判断することを〈**対人認知**〉とよびます。情報から受ける印象の良い・悪いで、〝魅力〟が判断されることになります。

〈**行動**〉

私たちは、いつも何らかの行動をしていますが、その中でも他者と関わる行動をとることがあります。

近くにいた人が落としたものを（拾って渡してあげる／拾わない）

道で会ったときに（声をかける／かけない）

食事に（誘う／誘わない）

このように、どのように関わっているかがわかる行動を〈**対人行動**〉と呼びます。

通常私たちは、好きな人には接近し、嫌いな人を避けますので、接近・回避という視点で、〝魅力〟を考えることができます。接近行動が起きれば〝魅力的〟、回避行動が起きれば〝魅力的ではない〟ということになります。

人が人に惹かれるとき

あなたは最近、どのような人に惹かれ、どのような関係を築きましたか？
私たちは、毎日のように誰かに会い、様々な人間関係を展開していきます。
一目ぼれのように強く惹かれ、恋愛に発展することもあれば、爽やかな好感を持ち、友情に発展することもあります。もう顔も見たくないほど、悪化してしまう関係もあります。

ほとんどの人間関係においては、とくに意識もせず、なんとなく好感を持ち、自然に関係が発展していくということが多いものです。では、人が人に惹かれ、関係を発展させるプロセスに何かルールはあるのでしょうか？

心理学者のレヴィンジャーとスヌークは、対人関係の発展段階を六つの段階に分けました。

〈接近〉⇓〈意識〉⇓〈親和〉⇓〈表面的な接触〉⇓〈愛着〉⇓〈相互性〉

接近する機会があり、意識するようになり、親しみがわき、表面的に関わるようになり、愛着が生まれ、相互性のある関係に発展していくということです。

このように関係を発展させる際、身体的な特徴による魅力は、初期段階においては重要視されるのですが、レベルの進んだ段階になると、それに代わって性格や価値観など、内面的な魅力が重要視されるようになることが明らかになりました。

「**美しい女にはやがて飽きがくる。善良な女には決して飽きはこない**」

これはフランスを代表する哲学者、ミシェル・ド・モンテーニュの言葉ですが、たしかに外見だけの魅力で交際をスタートさせたカップルは、性格が合わないことがわかると、それ以上関係が発展せずに別れを選択するということがよくありますよね。

〈**社会的浸透理論**〉によると、人と人の関係が進展するにつれて、二者間で交換される情報が、表面的な内容から、内面的な内容に変化していくそうです。

出会ったばかりの頃は、「かわいいね」「かっこいいね」といった情報交換で満足していたカップルも、関係が進むにつれて、「君らしいね」「その考えは正しいと思うよ」といった、わかり合えていることが実感できるような会話でないと、満足できなくなっていきます。

心理学者のマースタインは、人と人とが親しくなる発展段階を「ＳＶＲ理論」として３段階で説明しました。

第1段階：刺激（Stimulate）の段階

相手から受ける刺激や魅力を感じる段階。この段階では、外から見える魅力が大事だとされている

第2段階：価値（Value）の段階

価値を共有する段階。この段階では、価値観の類似性が魅力として重視される

第3段階：役割（Role）の段階

お互いの役割を補い合う段階。この段階では、相補的な関係となるため、お互いの違いも魅力として重視される

出会い、関係を発展させるには、まずは外見的魅力が大事、そして関係が進んでいくにつれて、内面的な魅力をお互いに理解し、尊重していく。このようなプロセスが、ポイントのようです。

結婚生活で、成功できる人の多くは、このような段階を良いかたちで発展させることができた人、といえるのかもしれません。

ビジネスシーンでも、このような段階を上手に発展させることができる人は、ゆるぎない人気を得ています。大手保険会社の中間管理職の男性、Fさんは、営業の女性をまとめる立場なので、自分が手本になるようにとジムで身体を鍛え、服装や姿勢、笑顔などの第一印象

にも気を配っています。新しく転職をしてきた女性は、必ず一目でFさんに好感を抱くと、うわさです。第1段階の見た目の刺激クリアですね。次の段階では、その女性の転職の背景にあった事柄や新しい職場に対する不安なども、しっかり聞き、共感します。第2段階の価値観の類似性もクリアです。

その後、しばらく経ち、信頼関係の基礎ができてから、改めて面談の時間をとり、管理職という役割とその女性の役割の差、その女性ならではの仕事上の持ち味を〝違い〟として伝えます。これでついに、第3段階の役割を補い合う関係まで、コンプリートですね。

このようなステップにより、Fさんは、どの女性メンバーとも、相補性の高い信頼関係を築くことができ、ゆるぎない人気を得ています。Fさんの事例は、男性はもちろん、リーダー的立場の女性にも参考になるのではないかと思います。すぐにもう一度読み直すか、必要なときにすぐに読み返せるように、ラインを引いておくことをおすすめします！

人が人から去るとき

人間関係というのは、思っている以上にもろいものです。恋愛関係においては特に基本的に席が一つですから、ほとんどの人が、人生の中で別れを何度か経験します。

強く惹かれあった関係であっても、崩壊してしまうとき、そこには何らかのルールがあるのでしょうか？

関係の崩壊の原因として、ポイントとなるのが〈**衡平性**《こうへい》〉と〈**互恵性**〉です。

〈衡平性〉とは、自分が相手との関係に投入しているものと、その関係から得られるものの比率がつり合っていると感じることです。相手が自分にとってとても魅力的だと感じれば、プレゼントをしたりご馳走《ちそう》したり、迎えに行ったり、お金や時間、努力などを投入しがちで、それに対し、相手から得られる物質的、または精神的なものが少ないと感じると、調整しようとする意識が働き、調整できなかったときに関係は解消に向かいます。

〈互恵性〉とは、自分が何かをしてもらったら、必ずお返しをするという社会規範のことをいいます。この規範が守られなければ、信頼関係を維持できなくなり、関係は解消に向かいます。

また、とても親しくなった関係においては、お互いの欲求が多くなって、葛藤《かっとう》が生じ、それが別離に発展することがあります。その際、けんかの原因について、「寝不足が続いていたから」など、状況的要因を考える人は、関係が修復しやすく、「相手のわがまま」などの永続的な特徴を考える人は、関係の解消に向かいやすいと言われています。

心理学者ダックは、対人関係崩壊の段階モデルを提唱しています。

①内的取り組み段階

関係に不満を感じはじめ、相手に対する満足度を高めようとしたり、相手の行動を調整したりしようとする

②関係的段階

相手に自分の不満や意見を伝え、関係を修復するかしないかを決める

③社会的段階

関係の解消を公表するなど、自分の面目を保つために何らかの行動をする

④思い出の埋葬段階

自分の中で関係を清算し、〈合理化〉する

〈合理化〉とは、自分にとって都合の悪い現実について、実際の理由とは異なる理由づけをして、正当化することを言います。

王子さまも一度、バラのもとを去っていますが、バラは、最初、王子さまにあれこれ頼むことで行動をコントロールしようとしました。これは、①の内的取り組み段階にあたるといえます。

つぎに、「あたくし、ばかでした」と、関係修復の可能性があるような言葉をいくつか伝えました。②の関係的段階です。

その後、王子さまがやはり出ていくというのがわかると、「いっておしまいなさい、さっさと！」と、強がり、面目を保とうとしました。これが③の社会的段階です。

その後のバラのことは書いてありませんが、一般的には、「私には似合わなかった」「わかれたほうが、お互いのためだ」など、自分の中で納得できるような説明をすることで〈合理化〉し、関係を清算しがちです。

魅力を測ることはできるのか⁉

自分自身のことだけでなく、他の人についても、なんとなく、「この人、今、目の前にいる人に惹かれているな」と感じることはあるものですが、実際に〝魅力〟というものを測ることは、できるのでしょうか？　ここでは魅力の大きさを測る方法をいくつか紹介しましょう。

〈質問紙による方法〉

心理学では、魅力や好意について、様々な尺度が考案されています。たとえば、恋愛関係の場合「独占したいと思うか」といった感情の強さを測る質問をいくつか用意し、それに回答してもらうという方法で、相手に惹かれている強さを数字的に知ろうというものがあります。

〈非言語行動を観察〉

非言語行動を観察するという方法もあります。魅力を感じる人の前では緊張から声のトーンがあがることがあります。そわそわと落ち着かなかったり、視線が定まらなかったりといった様子もよく見られます。好意の度合いによっては、話すときに座る位置なども変化します。

〈生理的変化の測定〉

生理的変化を測定するという方法もあります。対象となる人を目にしたときに、表情の筋肉がどれだけ動くか、てのひらの発汗、心拍数や呼吸数、瞳孔《どうこう》の大きさ、赤面や蒼白《そうはく》、脳の活性化する部位などの様子を測定するのです。これは、設備が必要なので、簡単にはできませんが、このような測定をもとにした研究が、広く世界で行われています。

人の魅力は0・5秒で判断される

動物がパートナーを選択する際、何をもって〝魅力的〟とするかは、様々です。クジャクの雄には色鮮やかな羽があり、羽を広げて求愛行動をするので、羽の数が魅力の秘密だと長く考えられてきましたが、調査の結果、重要なのは鳴き声だということがわかりました。

キリンは、10頭程度の雌と1頭の雄が群れになり行動しています。雄が群れを持つには、別の雄を倒さなければならないのですが、首を使って戦うため、背の高いキリンの人気が高いとされています。

人間も、男性の声や背の高さに魅力を感じるという女性は多いのではないでしょうか。

人間の場合は相手の魅力の判断に、女性よりも男性のほうが身体的な特徴を重視するという傾向があります。

スタイルでは、ウェストとヒップのバランスが7：10であることが望ましく、体重は中程度が最も好まれ、次に痩《や》せているタイプ、最後に太りすぎという結果が出ています。

顔立ちでは大きな目、小さな鼻、目立つ頬骨《ほおぼね》、左右対称などの特徴が、男女に共通して好まれ、女性は小さい顎《あご》、男性の場合は大きめの顎が好まれます。

表情では、男女ともに笑顔。姿勢の良さも魅力として重視されていることも明らかになっています。

人間以外の動物の場合は、身体の大きいほうが生存率が高いなど、なんらかのわかりやすい理由で共通の外見的魅力に人気が集まるという傾向があります。人間の場合は、関わりの目的が子孫繁栄だけではありませんし、冷静に相手のパーソナリティの魅力を分析する能力も持ち合わせていますが、どうして身体的魅力にこれほどこだわるのでしょうか？

心理学者のバーシェイドらは、人が身体的魅力にこだわる理由を三つあげています。

①社会的学習

これまで成長してきた日々において、映画や広告などを目にし、美しいことは良いこと

で、そのような人を好むべきだということを学んでいるから

②「デートと評定」コンプレックス

外見が魅力的な人とデートしていると、他者に対して威信を示すことができるから

③魅力度ステレオタイプ

外見が美しい人は、良い性格も持ち合わせていると思われやすいから

魅力的な人として存在するためには、外見の魅力も重要ですね。

心理学者ジョン・マナーの研究によると、人は、ある人物を魅力的かどうか判断する際、0・5秒しかかからないそうです。第一印象を決定づける0・5秒という短い時間の判断材料としては、細かな顔のパーツなどの情報ではなく、表情や姿勢といった、すぐに伝わる雰囲気が重要視されます。

笑顔は、「敵ではない」「温和である」「平和で豊かな状態」といった雰囲気を情報として瞬時に伝えることができますし、姿勢は「健康的」「信頼できる」「積極的・前向き」といっ

た雰囲気を情報として瞬時に伝えることができます。

〝笑顔〟と〝姿勢〟であれば、いますぐにも心がけることができそうです。

魅力的な人は、相手にも厳しい？

スポーツクラブなどで、身体を鍛えている人は、ゆるんだ体型をしている人に厳しく、人と出会ったときに、相手の体型をチェックする傾向があります。自分が自信を持っているところ、努力しているところについては、相手はどうかな？　と無意識に参照が起こるのでしょう。

私の知人に、私が体型をキープできていることを会うたびにほめてくれる女性がいます。彼女曰《いわ》く、「体型のコントロールは、セルフコントロールの基本だから、それもできていない人が、カウンセラーとして人の相談を受けるのはおかしい」と。もちろん、誰か特定の個人を批判する言葉ではなく、私を肯定する意図で言ってくれている言葉ですが、彼女が体型について、他者を厳しく見ていることが伝わってきます。

また、彼女は反面、その他の私の努力、つまり、毎日専門書を1冊以上は読み、勉強を続けているといった努力や、毎朝早起きをして一日のほとんどのハウスキーピングを午前8時までには終わらせているといった習慣については、フォーカスしたことがありません。人は、人を判断するときに、見たいところ、気になる点を見るものなのだと思います。

さて、では、身体的に魅力的な人というのは、彼女のように、人の身体的魅力に厳しいという傾向があるのでしょうか?

心理学者のウォルスターらは、学生を対象に、「あらかじめ情報を記入しておくと、あなたにぴったりの人に会える」という設定のダンスパーティを開き、参加者が相手に感じた好意度、相手の身体的魅力度や個人的魅力度をどのくらい感じたか、第三者による参加者の魅力に関する評価、などを調査しました。ダンスパーティでの実際の相手は、記入された情報は無視して、男子学生のほうが女子学生より背が高いという条件以外は、まったくランダムに割り当てていました。そして、パーティでカップルとなった二人が、どのような関係になっているかを4〜6ヵ月後に追跡調査しました。

その結果、身体的な魅力度の高い人ほど、自分の相手を厳しい目で見ることがわかりました。身体的に魅力度の高い人は、パーティでカップルになった相手のことを「身体的にも人間的にも魅力的でない」とみなす傾向があり、好意度も低く、デートしたいとも思わないという結果になったのです。また、本人の魅力度に関係なく、相手が身体的魅力度が高かった場合、相手に抱く好意度も高くデートしたいと思う傾向も見られました。

外見は、ある程度は生まれ持ったものですが、体型やメイク、髪型など、工夫できる部分は多く、それらについて努力することができる人というのは、基本的に「外見はいいほうが良い」と考えているのだと思います。ですから、そのような努力をしていない人に対して厳しい目で見る傾向があるのではないでしょうか。

また、男女ともに、自分の身体的魅力度に関係なく、相手の身体的魅力度を重視する傾向があったということは、恋人がほしいと思ったら、まずは、身体的魅力度を少しでもアップすることを考えるのが早いのではないでしょうか。髪型や服装だけを変えても、大分印象が変わります。

結婚相手選びは、交換マーケット

身体的魅力度の高い人は、広く好意を持たれやすく、デートしたいとも思われやすい、という解説をしてきましたが、「似たもの夫婦」という言葉もありますよね。実際にステディな関係にあるカップルの身体的魅力度には、どのような傾向があるのでしょうか？

心理学者のマースタインは、すでに結婚しているカップル、はっきりとした恋人関係にあるカップル99組を被験者とし、質問紙による魅力測定と、写真による魅力測定を行いました。そして、その結果、現在のパートナーについては、「身体的魅力度について、つり合いがとれるような相手を選択している人が多い」ということがわかりました。

マースタインは、この結果を受けて、結婚を前提とした恋人の選択においては市場原理が働き、身体的魅力も一つの重要な要因となるとし、〈**社会的交換理論**〉を用いて解説しています。

〈社会的交換理論〉とは、「交換」という観点から、社会や対人関係の諸相を説明しようという理論です。

この調査は、アメリカで行われたのですが、アメリカ人の9割程度の人は結婚を望んでいます。そして多くの人が、身体的魅力度の高い人と結婚したいと考えています。身体的に魅力的だと思う基準の個人差は、思いのほか少ないのだそうで、誰かがハンサムだと思う人というのは、他の人もハンサムだと思い、誰かが美人だと思う人というのは、他の人も美人だと思いがちです。

ハンサムな人、美人を求める声が多い中、現実の社会は、身体的魅力度が高い人ばかりではありません。需要と供給のバランスが悪いということになります。しかしながら、それでも多くの人が結婚を望み、その希望を叶えていますよね。ここには、交換マーケットの考え方があてはまるのです。

結婚相手選びは、一種の交換マーケットと考えることができ、美人は資産として高い価値があるとみなすことができます。しかし、美人を相手に選んだ場合、自分の身体的魅力度という資産価値によっては、プロポーズの成功率は低くなります。そしてプロポーズを断られるという体験は、心理的に大きなコストとなります。そのような痛手となるリスクは、できれば避けたいものです。そのため、成功確率が高い中で、資産価値もできるだけ高い、身体的魅力度が同じくらいの人に、関心が向けられるようになり、同程度に魅力的なカップルが増えていくというわけです。

ということは、自分の身体的価値を高めることは、結婚選びの市場で優勢になるともいえますし、あまり高めすぎては、逆にプロポーズしてもらえなくなってしまう可能性もあるかもしれないですね。

〈社会的交換理論〉のほかにも、同程度の魅力のカップルが多いという現象の説明は様々見られます。

たとえば男性は、結婚相手としては、自分の母親に似ている女性に惹かれるという傾向があるため、お互いに似ている夫婦が誕生しやすい、という説もあります。

また、ともに時間を長く過ごしていると、相手の動作や行動を学習して取り入れるようになる〈**モデリング**〉という現象も、「似たもの夫婦」を説明する一つの考えです。

女も男も「うそつき」「下品」が嫌い

外見的魅力について、お話ししてきましたが、内面的な魅力についてもふれておきたいと思います。いったいどのような性格の人が好かれるのでしょうか？

心理学者のアンダーソンは、100人の大学生を対象に、555の性格特性語をあげ、一つずつ好ましさを評定させるという方法で、人に好まれる性格と嫌われる性格の調査を行いました。

その結果もっとも好かれる性格は、1位「誠実な」、2位「正直な」、3位「理解のある」、4位「忠実な」、5位「信用できる」、6位「当てになる」、7位「知的な」、8位「頼りになる」、9位「心の広い」、10位「思慮深い」という結果になりました。

そして、もっとも嫌われる性格は、1位「うそつき」、2位「いかさま師」と、好かれる性格のトップにあがるものの逆といえるものがあがりました。また、3位「下品な」、4位「残虐な」と、不快さや下品さを感じさせる性格特性を表す言葉が続きました。5位「正直でない」、6位「信用できない」、7位「不快な」、8位「意地悪な」、9位「卑劣《ひれつ》な」、10位

「だます」となっています。

このような結果において、男女差は非常に少なかったそうです。また、好きでも嫌いでもないという中性的な評価をされる性格特性語は、相対的に少なかったそうです。性格を表す多くの言葉というのは、好きか嫌いかにはっきり分かれるのですね。

日本で行われた調査も多数ありますが、「親切」「優しい」「頑張る」「朗らか」「明るい」「責任感がある」などが上位を占める傾向にあります。

では、このような好ましい性格をいくつか合わせ持っていると、魅力も2倍、3倍と、どんどんアップするのでしょうか。アンダーソンの調査結果によると、好ましい性格が二つある人であっても、好意度は高くなるものの、2倍まではならないそうです。このような傾向は、「嫌われる性格」についてもいえるそうで、悪いとされる性格が二つある人でも、魅力の低下は2倍にはならないということです。

また、状況や役割、環境においても、好まれる性格が変化します。チームのリーダーとしては、「決断力」や「統率力」などが好ましい性格とされますし、チームの成員としては「協調性」や「積極性」「責任感」などが好ましいとされます。

2013年9月に発表になった、独身男女約2000人を対象にしたアンケートでは、結婚相手を決めるときに最も大事な条件として、男女ともに「性格・価値観の一致」が70％を超えてトップになっていました。2位は男性の回答では「容姿」、女性の回答では「経済力」という結果でした。

やはり、長く続く人間関係においては、性格的な魅力がとても重要視されるようです。結婚したい、または、長く続くパートナーを見つけたいと思ったら、アンダーソンの調査結果を参考に、自分自身の性格を一度振り返ってみるのも効果的かもしれません。

「快情報」を与え、魅力的な男性に

ウェディングパーティで出会うと、どの人も2〜3割増しで、とても素敵に見えます。ドレスアップしているので、その人そのものが美しく、かっこよく見えるということもありますが、〝場〟による影響も大きいようです。

ある男性は、ウェディングパーティで、新婦の友人である女性と意気投合し、その後連絡をとりあい、仕事帰りにデートしてみたところ、お互いにテンションがあがらず、結局恋人にはならなかったと話していました。

この場合、おそらく本人の問題というよりも、行ったデートの場所にも問題があったのだと思います。

心理学者のグリフィットは、生活環境が、人の〈対人感情〉の持ち方にどのような影響を与えるかを調べようと考えました。周囲からの刺激も、人にとっては、〝報酬〟や〝罰〟となり、おかれた環境が快適であれば、人に好意を持ちやすくなり、反対に不快な環境であれば、人に対する気持ちも嫌悪的になると予測し、調査を行ったのです。

このような考え方を〈**強化理論**〉と呼びます。強化には正と負があり、正の強化というのは、本人にとって望ましい強化のことで、それにより行動などがさらに強化されていきます。負の強化とは、本人にとって望ましくない強化のことで、それにより行動がストップしたり、停滞したり、マイナスに強化されていくなどの傾向があります。

グリフィットは、快適な部屋と不快な部屋を準備しました。実験対象になったのは、40人の学生で、5人ずつ、45分程度、同じ部屋で過ごした後、一緒に過ごした相手への好意度や自分の感情、部屋の快・不快などに関する質問に答えました。

その結果、不快な部屋では、人に対する評価が全体的に下がり、非好意的になるということがわかりました。

また、もともと、類似性のある相手には、好意を抱く傾向が高いとされていたため、その追認も合わせて行われましたが、類似性が高い相手であっても、低い相手であっても、環境が良く、気分が良いと、他の人を好意的にとらえ、環境が悪く、気分が悪いと、他の人を非好意的にとらえることもわかりました。

類似性よりも、おかれた環境に、強く影響されるということになりますね。

そして、環境の快・不快に関する判断は、個人的体験や出来事についての記憶である〈**エピソード記憶**〉により影響を受けます。清潔な環境で暮らす日本人ビジネスパーソンは、海外赴任の際、赴任先の衛生状況によっては、不快を強く感じやすく、体調を崩す人も多いのです。日常的に高級レストランで食事をする女性が、デートで高級レストランで食事をしても、極端に大きな快情報とはなりません。

前述の男性の事例では、ウェディングパーティという出会いのシーンが、〈エピソード記憶〉として残っています。出会った場面にあった幸せに包まれた快適な空間と、二人きりで会うデートの空間を無意識にも比較し、もしそれが不快だった場合、その差は大きく感じられ、気分を下げる要因となります。ウェディングパーティでは、次々に演出があり、退屈しませんが、出会ったばかりで二人きりであれば、さほど話もはずまないかもしれないので、つまらなかった、退屈だったと感じてしまう可能性は十分にあります。

快適な場所で出会えば、人があなたを〝魅力的だ〟と感じる可能性は高くなります。ポイントは、次に会う場所も快適な空間を選ぶことです。おそらく、〝魅力的な人だ〟という情報がしっかりと記憶されるまで数回は、快適な空間で過ごしたほうがいいと思います。

自信のないときほど人に惹かれる

失恋するとすぐに恋人ができる人っていますよね。だいたいが、失恋したことを相談しているうちに、お互いに心を許していくというパターンが多いようです。中には、不誠実な男性や女性とつき合いはじめてしまう人もいます。寂しさは人を見る冷静な判断力も鈍化《どんか》させるのでしょうか。

はたして、自己評価が高いときと低いとき、どちらが恋に陥りやすいのでしょうか。

心理学者のウォルスターは、自己評価が低められたとき、人は愛情を受け入れやすくなるとして〈**自尊理論**〉を提唱し、実験を行いました。

女子学生を対象に、意図的に自己評価が上がる場面と下がる場面を作り出し、それぞれの女子学生たちが持つ、ハンサムな男子学生に対する好感度を調べたのです。

その結果、自己評価が意図的に低められた女子学生たちのほうが、ハンサムな男子学生に対し、高い好感度を持つことがわかりました。

このような現象について、ウォルスターは二つの理由をあげています。

自己評価の高い人というのは、自分自身や自分の社会的地位をより高く評価しているので、自分や恋人にも、より魅力的で、優れていることを求める傾向があります。しかし、自己評価が低くなると、相手にも完璧さを求めなくなり、自己評価が高いときには何とも思わなかった相手のことも魅力的と感じ、好意を抱くのです。

また、自己評価が低くなると、愛情や好意への欲求が高まるとも考えられます。自己評価が低くなっているときに他の人から差し出された愛情は、より魅力的に感じられ、好意を抱くのです。

『星の王子さま』では、王子さまの自己評価が、グッと下がる場面が描かれています。

自分の星に一つしかないと思っていたバラが、地球では5000も咲いているのを見て、星のバラを思い、自分自身を思い、たいへんさびしい気持ちになるという場面です。

「ぼくは、この世に、たった一つという、めずらしい花を持ってるつもりだった。ところが、じつは、あたりまえのバラの花を、一つ持ってるきりだった。あれと、ひざの高さしかない三つの火山――火山も一つは、どうかすると、いつまでも火をふかないかもしれない――ぼくはこれじゃ、えらい王さまなんかになれようがない……」

王子さまは、草の上につっぷして泣きました。

王子さまが、すっかり自信を失ってしまった様子が描かれていますが、その後王子さまには何が起きたでしょう？

キツネとの出会いがあったのです。つっぷしている王子さまのところへキツネがあらわれて、「こんにちは」と言いました。そして、王子さまは次のように伝えています。

「きみ、だれだい？　とてもきれいなふうしてるじゃないか……」

「ぼくと遊ばないかい？　ぼく、ほんとにかなしいんだから……」

かなしい気分の時に出会ったから、よけいキツネが〝きれいなふう〟に見えて、一緒に遊びたくなったのかもしれません。

このような自尊感情の低下による心細さは、残念なことに詐欺などの悪質な嘘に利用されることがありますので、注意が必要です。断じて許されることではありません。

好きな相手が心細そうにしていたら、迷わず声をかけて話を聞いてあげることで、自分のことも良いイメージで記憶してもらう、そのようにポジティブな関係のために、使っていきたい心理的傾向だと思います。

好意と恋愛感情は別次元!?

あなたは、今のパートナーやこれまでの恋人とは、どのように出会いましたか?

いくつかのアンケートを参照してみたところ、共通して1位は「職場」、2位は「友人の紹介」でした。3位は「同じ大学やクラスメイト」となっているものが多かったです。意外に少なかったのは、「もともと友だち」です。

「もともと友だち」というのは、お互いのことがよくわかっているので、職場の出会いと同じくらいあってもいいように思いますが、多くのアンケートで5％以下と、少なくなっていました。

「今さら恋愛という雰囲気にならない」
「前につき合っていた彼女をよく知っているので」
「友だちという関係を大事にしたい」

といった声がありました。友だちと似て非なるもの、「同じ大学やクラスメイト」であれば、恋愛に発展する可能性が高いようですが、それはおそらく、〝知り合い〞程度のつき合いのため、まだよく知らない部分も多く、恋愛という関係に違和感なく入っていけるのでしょう。また、その人の背景がある程度わかっているので、最低限の信頼関係がベースにあるということも、後押しになっていると思います。

どうやら、〝知り合い〞程度の関係は、恋愛発展への可能性大、〝友だち〞になってしまうと、その可能性はかなり減少すると言えそうです。……ということは、恋愛関係になってもいいなと思える人に出会ったら友だちとして親密になり過ぎないことが、一つの恋愛成就ポイントかもしれませんね。また、学生時代に友だちとまではいかなくても、〝知り合い〟で、気になっていた人がいたら、何らかの方法で連絡をとってみれば、恋に発展する可能性もありそうですよね。

そもそも、友情に見られるような好意と恋愛感情とは、どのような違いがあるのでしょうか？

心理学者のハイダーは、愛情（Love）を好意（Liking）の強められた感情として扱いました。好きが強くなったものが愛情で、恋愛感情もそこに含まれるといった考え方です。

一方、心理学者ルービンは、恋愛感情は社会的にも重要な感情傾向であるととらえ、愛情と好意は独立した感情として扱いました。

ルービンは、158のカップルを対象に、自分の恋人と同性の親友について、恋愛尺度と好意尺度に関する質問紙に回答してもらうという調査を行いました。

その結果は、ルービンが考えたとおりでした。好意と恋愛感情の関連性は低かったのです。また、この調査によると、男性よりも女性のほうが、恋愛感情と好意をはっきりと区別している傾向があることがわかりました。

このような結果を見てみると、先ほどの傾向、友だちから恋人に発展する可能性が低いということも頷けます。とはいえ友だちから恋人になり、幸せな結婚生活を送っている知人も実際にいますので、一概にはいえません。しかしハイダー説のように、好意の延長に強い恋愛感情もあるのだとしたら、恋人候補があまりにも多くいすぎることになりませんか？

好意と恋愛感情は別、友だちはたくさんいてもＯＫ、恋人は入れ替わりがあったとしても常時席は一つ、そう考えていたほうが、すっきりするような気がします。

行動を変えると、魅力も変わる

ここまで外見的な魅力、魅力的だと思う性格、環境による影響、そのときの心理状態による影響などを見てきました。私たちが日々感じる〝相手の魅力〟というのは、様々なことから影響を受け、自分でも気づかないうちに記憶されていくものだとつくづく思います。

さらにここでは、〝コントロール可能な魅力〟について考えてみたいと思います。多少外見に自信がなくても、環境が整っていなくても、気分が最悪だったとしても、相手に〝魅力的な人だ〟という印象を抱いてもらうことは可能なのです。難しいことではありません。〝行動〟を変えていけばいいのです。

容姿、声、歩き方といった外見的魅力と、性格や価値観といった内面的魅力の決定的な違いは、わかりやすさです。

駅のホームなどで、背中をまるめて立っている人をみると、「姿勢が悪い」とすぐにわかります。けれどその人が、どのような性格の人なのかは、すぐにはわからないのです。あなたの内面的な良いところも、周りに伝わっていない可能性が十分にあります。

これまでお伝えしてきたように、性格は魅力として多くの人が興味を持つポイントですから、せっかく内面的な魅力があるのなら、なんとかして伝わるようにしたいものです。

一つは、言葉で伝えるという方法があります。

たとえば、あなたに真面目という魅力があったとします。その場合は、自己紹介などのタイミングで、「真面目だけがとりえです」など、さらっと笑顔で伝えられたら、「真面目な人」と相手の記憶に残る可能性はとても高くなります。

間接的な方法もあります。

あなたに「明るい」という魅力があったとします。でも自分から「明るい性格なんです」と言うのは憚《はばか》られるという場合、明るさを感じさせる色合いである、オレンジ色、黄色、クリーム色などの服を着て笑顔でいれば、色と表情から明るい性格であることを伝えることができます。〝明るい印象〟を与えるのに、実は言葉は必ずしも必要ではありません。男性の場合は、紺にオレンジの差し色が入ったネクタイなどでも効果があります。青とオレンジは、色相環（color circle）で正反対に位置するため、互いの色を引き立て合う〈**補色効果**〉があり、印象に残りやすくなります。

また、あなたに「誠実さ」という魅力があったとします。このような性格は長くつき合ってみないと本当には伝わらないものですから、わざわざではなくても、何かのタイミングで、「〇〇とは、中学の野球部からの親友で」など、会話の中で、長く人との絆を保っている状態がわかるようなことを入れてみると、誠実な性格を察してもらうことができます。

このように目には見えない魅力というのは、コミュニケーションを通して、示していく必要があります。ただ黙ってじっとしているだけで、「私は良い人なのだから、そこをくみとってほしい」といっても無理なのです。

コミュニケーションという面から行動を見直すと、あなたの内面的な良いところが伝わりやすくなります。また、行動を変えていくことで、性格や外見もますます好ましいものになっていくでしょう。なぜなら私たちのパーソナリティは、自分のとる行動によって強く影響されているからです。行動を変えれば精神性が高まり、ますます魅力もアップします。

良いコミュニケーションという行動を起こしていけば、相手の心をつかめるだけでなく、相手をより幸せな気分にすることができます。そのような力がつくと、自分にも大きな自信がつくでしょう。人生をイキイキと生き抜くことができると思います。

次の章ではいよいよ、『星の王子さま』をテキストに、日常的なシーン別に、人の心をしっかりとつかみ、大人の魅力をアップするコミュニケーションを学んでいきましょう!

郵便はがき

料金受取人払郵便

小石川局承認

1421

差出有効期間
平成27年5月
14日まで

112-8731

東京都文京区音羽二丁目
十二番二十一号

講談社
生活文化局

講談社+α新書係 行

愛読者カード

今度の出版企画の参考にいたしたく存じます。ご記入のうえご投函くださいますようお願いいたします（平成27年5月14日までは切手不要です）。

ご住所　〒□□□-□□□□

お名前《ふりがな》

年齢（　　）歳

性別　1男性　2女性

★最近、お読みになった本をお教えください。

★今後、講談社からの各種案内がご不要の方は、□内に✓をご記入ください。　□不要です

TY 000050-1305

本のタイトルを
お書きください

a 本書をどこでお知りになりましたか。

1 新聞広告(朝、読、毎、日経、産経、他)　2 書店で実物を見て
3 雑誌(雑誌名　　　　　　　　　　　　)　4 人にすすめられて
5 DM　6 インターネットで知って
7 その他(　　　　　　　　　　　　　　　　　　　　　)

b よく読んでいる新書をお教えください。いくつでも。

1 岩波新書　2 講談社現代新書　3 集英社新書　4 新潮新書
5 ちくま新書　6 中公新書　7 PHP新書　8 文春新書
9 光文社新書　10 その他（新書名　　　　　　　　　　　　)

c ほぼ毎号読んでいる雑誌をお教えください。いくつでも。

d ほぼ毎日読んでいる新聞をお教えください。いくつでも。

1 朝日　2 読売　3 毎日　4 日経　5 産経
6 その他(新聞名　　　　　　　　　　　　　　　　　)

e この新書についてお気づきの点、ご感想などをお教えください。

f よく読んでいる本のジャンルは？(○をつけてください。複数回答可)

1 生き方／人生論　2 医学／健康／美容　3 料理／園芸
4 生活情報／趣味／娯楽　5 心理学／宗教　6 言葉／語学
7 歴史・地理／人物史　8 ビジネス／経済学　9 事典／辞典
10 社会／ノンフィクション

第四章　状況別『星の王子さま』から学ぶ、心をつかむ18のコミュニケーション

気になる人ができたとき

気になる人ができたり、ちょっと話してみたい人と出会ったりしたとき、どう話しかけたらいいか悩みます。考えてみれば、名刺交換というコミュニケーションは、出会いをずいぶん楽にしてくれているものだと思います。

人と人との間には、見えない氷の壁（心理的な距離）があり、それを溶かして打ち解けることを〈**アイスブレイク**〉といいます。気になる人との氷の壁をあっという間に溶かすような会話ができたらどんなにいいでしょう。

星の王子さまと飛行士の出会いは、このような会話からはじまりました。

「**ね……ヒツジの絵をかいて！**」（王子さま）

「**え？**」（飛行士）

「**ヒツジの絵をかいて……**」（王子さま）

「だけど……あんた、そこで、なにしてるの？」（飛行士）

「ね……ヒツジの絵をかいて……」（王子さま）

改めて見てみると、王子さまと飛行士の出会いの会話は、〈アイスブレイク〉どころか、名前すら告げず、相手の名前も聞いていません。そもそも〈アイスブレイク〉というのは、相手との心理的な距離という壁がある場合に必要なのであって、王子さまにはそういった概念がないのでしょう。

このようなコミュニケーションは、幼稚園や小学校低学年頃によく見られます。絵の上手な子というのはどのクラスにも一人や二人いて、休み時間に「ねえ、〇〇描いて」「いいよ」と誰かのリクエストにこたえていると、なにかの用事で教室に来た隣のクラスの子も、「私にも描いて！」と頼むのです。できあがると、絵の描かれた紙をもらって自分のクラスに戻り、そのクラスでは、「うわ～！　誰が描いたの？」と話題になります。こうやって絵の上手な子は、人気者になりやすいのです。

大人になってからも、旅行先などでは、このようなコミュニケーションを経験することがあります。電車や路線バスで乗り合わせた人と、お互い名のることなく「どこからきて」「どこへいくのか」といった話題が自然にはじまり、好きな音楽の話にまで発展することもあります。

気になる人に自然に話しかけるためには、まず、自分自身が氷の壁をつくらないことが大切です。こちらが警戒していたり緊張していたり、嫌われることを怖れていたのでは、相手も構えてしまうからです。どうしても緊張してしまうようであれば、頭の中で王子さまと飛行士が出会った場面を思い浮かべながら、話しかけてみてください。頭にイメージするものは、表情に影響を与えます。優しい気持ちになれる事柄を思い浮かべながら話しかけるのが一番です。

次に、相手とあなたにとっての〝ヒツジの絵〟を見つけることです。

「何を聴いてるの?」(いつもイヤホンをしていたら)

「何を読んでるの？」（いつも本を持っていたら）

そして、どのような答えがかえってきても、肯定的に受け取ることです。

「そうなんだ」
「良さそうだね」
「僕も聴いてみようかな」

その場で無理にほめたり、過度に話を盛り上げたりしなくて大丈夫です。何日かしたあとに、また話しかけるチャンスがあれば、続きから話せばいいのです。

「僕も聴いてみたよ」
「今日は何を聴いてるの？」

このような自然な会話の繰り返しは、相手に無意識に〝敵ではない〟という情報が伝わるので、無理なく少しずつ親しくなることができますよ。

気になる人ができたときは、自分がまずリラックスする。そして、二人の間にある〝ヒツジの絵〟を見つけること

「この人は違う！」と印象づける

会社の一員、趣味やボランティア活動の一員など、大勢の中でしか関わったことのない相手と、もう少し親しくなりたいときには、「この人は違う！」と印象に残ることが大事です。髪型や服装などをセンスアップして、好感度を上げるというのも一つの方法ですが、今はおしゃれで素敵な人は大勢いるので、それだけでは足りないかもしれません。

王子さまは、飛行士がずっと持ち歩いていた、誰にもわかってもらえない絵（ゾウを飲み込んだウワバミの外側の絵）を一度で理解し、飛行士を驚かせました。「この人は違う！」と印象づけた瞬間です。

ぼくは、ヒツジの絵なんか、てんでかいたことがないので、ぼくにかける、例の二つの絵の片方《かたほう》をかいてみました。ウワバミの外がわです。すると、ぼっちゃんが、こういうので、ぼくは、あっけにとられてしまいました。（飛行士）

「ちがう、ちがう！　ぼく、ウワバミにのまれてるゾウなんか、いやだよ」（王子さま）

そこで、ぼくは、ヒツジの絵をかきました。（飛行士）

長年、誰にもわかってもらえなかったことをわかってもらえる驚きというのは、素晴らしいものです。外見的魅力を素敵だと印象づけること以上に効果があると思います。飛行士もそのような驚きを経験したから、ヒツジの絵を描いてみようという気になったのではないでしょうか。

相手の気持ちをくみとり、察することを〈**共感的理解**〉といいます。共感的理解者の存在は、精神を安定させます。「わかってくれている」と感じさせる言葉かけは、相手の心を満たし、その人の自信もアップさせるので、強く印象に残るのです。

相手にとってよき共感的理解者になるためには、他の人があまり指摘しないような意外な良い面で、かつ、相手が実はこだわっていそうなところに気づくことが大切です。

たとえば一人でもよくカフェに立ち寄っている様子で、上手に珈琲《コーヒー》をいれてくれる人だった場合には、タイミングよくこのような言葉かけをしてみるといいかもしれません。

「さっき、給湯室で珈琲いれなおしてくれた？　○○さんがいれるといつも美味しいんだ」

社外から確認の電話を入れると、必ずといっていいほど3コール以内に出てくれる女性には、何かのおりに、このように伝えてみるといいのではないでしょうか。

「2コールで出たから、○○さんだと思った！　いつもすぐに出てくれるから助かるよ！」

頼まれた伝言を残す際、いつも可愛い付箋を使っている女性には、このように伝えてみてはどうでしょう。

「○○さんの付箋、いつも可愛いね。疲れているとき、なごむんだ！」

その人が心がけていることだった場合、ハッとして強く印象に残ります。

こだわりポイントに理解を示せば、強く印象に残り、相手の自信までアップさせる

ちょっとした誤解を解く

出会い、親しくなってくると、会話の中で、ちょっとした誤解が生じることもあります。遠慮がなくなってくるとつい、「そうじゃないよ！」と、パッと指摘して済ませてしまうものですが、そんなときこそ会話を楽しみたいものです。そのような心がけは、長く続く心地よい関係を生みます。

王子さまの星はとても小さいのですが、それをまだ知らない飛行士とバオバブの木について話した場面を見てみましょう。

「ヒツジが小さい木をたべるって、ほんとだね?」(王子さま)
「うん、ほんとだ」(飛行士)
「ああ、そうか、うれしいなあ」(王子さま)
「なら、バオバブもたべるんだね?」(王子さま)
バオバブは小さい木じゃない、教会堂のように大きな木だ、王子さまがゾウの一部隊をつれていっても、たった一本のバオバブの木もたべきれない―後略―(飛行士)
王子さまは笑いました。―中略―
「ゾウだと、かさねなくっちゃ、ね……」(王子さま)

王子さまの星はとても小さく、ゾウの一部隊が入れるような場所はどこにもありません。星の大きさの確認もせずに、勝手な思い込みで話す飛行士の言葉を受けて、「うちは星が狭いんだ」と切り返すわけでもなく、相手の理解不足や思い込みを責めたり、えらそうに指摘したりすることもなく、そんなにたくさんのゾウが来たなら、重ねないとうちの星には収まらないよね、という意味の〈**ユーモア**〉で返したのです。

〈ユーモア〉は、18世紀後半から研究が盛んになった、人間にとって重要なコミュニケーション手法です。人間のみが使えるコミュニケーション法だとも考えられています。研究者では、フランスのロマン主義文学にも影響を与えたドイツの小説家、ジャン・パウルが知られています。

〈ユーモア〉を思いついたり、それをお互いに理解したりするためには、言葉に関するある程度の教養や相手の意図を察する力が必要です。穏やかな〈ユーモア〉は上級のコミュニケーションであり、大きな魅力の一つ。王子さまの切り返しはとてもステキで、洒落《しゃれ》ていますね。

ある男性Gさんは、奥さんの話をつい〝ながら聞き〟してしまい、「ちょっと、聞いているの？」と怒らせ、口論になることが多かったそうです。そんなある日、「聞いてるの？」

と怒った奥さんに対し、ポケットを探るようなふりをして、そのまま手を耳にあて、「耳、ポケットに入れたままだった。今つけたから、聞くよ」と言ってみたところ笑いが起き、それ以来奥さんは、「耳つけて」と笑って言ってくるようになったそうです。もう口論にはならなくなったと話していました。

長く続く心地よい関係のために、ちょっとした思い違いは、洒落た〈ユーモア〉で返す

絆を深めたい

結婚、恋愛、友情、仕事においても、チームワークというのは大切です。関係を確固たるものにするには、どのようなコミュニケーションを心がければよいのでしょうか。

王子さまは、飛行士にこのような提案をしました。

「フランスの子どもたちが、このことをよく頭にいれておくように、ふんぱつして、一つ、りっぱな絵をかかないか」

王子さまは、

「仕事をあとにのばしたからといって、さしつかえのないこともあるさ。だけど、バオバブはほうり出しておくと、きっと、とんださいなんになるんだ。ぼくは、なまけものがひとり住んでた星を知っているけどね。その人は、まだ小さいからといって、バオバブの木を三本ほうりっぱなしにしておいたものだから……」

といって、怠け者の星の状況を説明していきます。飛行士は王子さまに教えてもらいながら、３本のバオバブの木が育ちすぎた星の絵を完成させるのです。

意義のあることに関わるチャンスを与えてくれたり、新しいことにチャレンジする一歩を後押ししてくれたりするような存在は、人生を好転させるものです。自分だけでは見ることのできなかった世界を見せてくれて、その可能性を広げてくれるからです。やる気がわき、**〈自己効力感〉**〈人が何らかの課題に直面した際に、こうすればうまくいくはずだという期待に対して、自分はそれが実行できるという期待や自信のこと）も高まります。その行動の結果として目指すところが、公益性のあること（このお話の中では、フランスの子供たちが困らないようにということ）、やるべきこと、良いことである場合は、高い目標を共有することで絆も深まり、お互いの人間性も魅力も高まります。

バオバブの木の絵を集中して協力して完成させたことで、王子さまと飛行士の絆がさらに深まったように感じます。

心理学者シェリフが行ったサマーキャンプ実験を紹介しましょう。

集まった子供たちに、グループ同士をわざと敵対させるような集団行動をさせます。わざと罵倒《ばとう》を浴びせるくらいまでの敵対関係にして、競《きそ》わせるのです。しだいに仲が悪くなってきたとき、今度は、もっと大きな目標（個々のグループでは解決しきれない高いレベルの目標）を与えます。すると今まで仲が悪かったグループ同士でも、力を合わせるようになり、〈**葛藤解消**〉が起こります。

絆を深めるためには、相手の才能を開花させるような提案をしてみること、できれば力を合わせて何かを達成することが効果的です。そしてその目標が、自分たちだけの利益ではなくて、みんなにとっていいことであればなおさら、それを一緒に一生懸命やることによって絆が深まっていくものです。だから私は『星の王子さま』のバオバブを描くシーンが大好きです。特に、「ふんぱつして」という表現がいいですよね。

一生懸命バオバブの絵を描いている二人の姿を想像すると、私も何か、良いことをしたいものだと思います。

絆を深めるには、相手の才能を開花させるような、わくわくする提案を

人の言葉や態度に傷ついたとき

人と関わると、もれなく、「傷つく瞬間」もついてくるものです。相手に悪気がないとわかっていることでも、言葉や態度によっては、がっかりして悲しい気分になるのです。傷つく事柄や程度も人様々ですから、防ぐことよりも傷ついたときに持ち直せることのほうが大

事だと思います。そして、上手に感情をセルフコントロールできるというのは、とても魅力的な能力です。

出会って4日めの朝、王子さまは飛行士にこんなことを言いました。

「ぼくね、日の暮れるころが、だいすきなんだよ。きみ、日の沈むとこ、ながめにいこうよ……」

王子さまは自分の星にいた頃、悲しいことがあると椅子に座って入り日を見ていました。王子さまの星はとても小さいので、椅子をほんのちょっとずらすだけで何度でも夕日を見ることができたのです。あるときなどは、一日に44度も入り日を見たこともあるほどでした。それを飛行士に説明しながら、王子さまは、こう言ったのです。

「だって……かなしいときって、入り日がすきになるものだろ……」

このやりとりで、飛行士はそれまで王子さまが晴れ晴れとしない日々を送ってきたこと、そして王子さまの気の晴れるのは、静かな入り日の頃だけだったのだということを知るのです。

悲しくなったら入り日を見るというのは、王子さまの〈**セルフコントロール**〉法だったのだと思います。

人生は良いことばかりが起こるわけではありません。悲しいこと、辛いこと、苛立ち……様々な感情がわき起こります。そのようなとき、周りに当たり散らす人もいれば、いつまでも暗い表情で雰囲気を悪くする人もいます。人はみな、様々な形でそれを発散しています。しかし、その発散方法が行き当たりばったりなものだと、周りに迷惑をかけるだけでなく、本人も自己嫌悪に陥ってしまいます。

感情を〈セルフコントロール〉できる人というのは、ネガティブな気分になったときにどうすればいいかという、解決策を持っている人です。音楽、絵画、散歩、運動……、人により様々だと思いますが、王子さまにとっての〝入り日〟は、あなたにもあります。そして、感情を上手に〈セルフコントロール〉できる人というのは、その場の気分に簡単には振り回されないので、逆境にも強く、もの静かに見えてもいざというときには頼りになるもので、魅力的だと多くの支持が集まります。

仕事のできる人に多い悩みですが、つい部下に言い過ぎてしまい、その後、自分自身が必要以上に落ち込む、ということがあります。期待が大きい分、落胆も大きく、つい厳しくなるのは当然です。あなたもそのように厳しく期待をかけてくれる上司がいたから、今があるのだと思います。美味しい珈琲やワインを飲んだり、エネルギーがわく音楽を聞いたり、自分なりの〝入り日〟を使い、セルフコントロールし、すっきりとした状態で、翌日さわやかにこう言いましょう。

「昨日は言い過ぎたね。期待が大きいからついね。気をつけるよ!」

王子さまにとっての〝入り日〟、傷ついたときに回復するための方法を決めておく

悲しみにくれる人を支える

悲しさや寂しさから、攻撃的な行動に出る人もいます。行き場のない思いに自分を見失い、素直に甘えることもできず、言葉のはしをひろって相手を責めるような態度に出るのです。自分の考えを無理に押し付けてくる人もいます。

王子さまは、自分がとても大事なことを聞いたのに、飛行士がちゃんと向き合ってくれなかったので、このような言葉から、憤りを膨らませていきました。

「きみは、なにもかも、ごちゃごちゃにしてるよ……」

そして、バラへの思いや自分の考えを飛行士に言い放って、にわかに、わっと泣き出してしまうのです。すると、さきほどまで飛行機の修理のことで頭がいっぱいだった飛行士は、仕事道具を手放し、喉が渇くとか、死ぬ思いをしているとか、そのようなことはどうでもよくなって、王子さまをなんとかしてなぐさめようとしました。

ぼくは、王子さまをしっかりだいて、しずかにゆすりながら、「あんたのすきな花、だいじょうぶだよ……あんたのヒツジには、口輪《くちわ》をかいてやる……あんたの花には、かこいの絵をかいてあげる……ぼくは……」と、いいはしましたが、なんといってていいか、わかりませんでした。ものをいうにも、へたくそで、うまくいえなかったのです。どうしたら、王子さまの気もちになれるのか、どこで王子さまの気もちと、いっしょになれるのか、それもわかりませんでした……

王子さまと飛行士の間に、しっかりとした絆が生まれはじめた瞬間です。

あなたの身近な人が、悲しみにくれて、手をつけられないような状態になってしまったら、しっかり抱きしめて、心が落ち着くまで一緒にいてあげることが大切です。その間、自分のことや仕事などは、すっかり忘れてしまうくらい、その人に集中することが重要です。どんなに傷ついても、誰か一人でも、100%向き合ってくれたと実感できたとき、人はまた歩きだせるものです。そのような体験からは、強い絆が生まれます。

そして、このような関係が成立するのは、抱きしめる側が〝身勝手ではない人〟であるときだけです。

身近な人が、悲しみにくれて壊れかけていたら、自分のことはひとまず手放して、100%向き合う

ささいな言い争いが増えてきたら

相手にしてほしいことが増えてくると、ささいな言い争いも増えるものです。思い通りにならないと、自分を変えるのではなく、相手を変えようとしてしまうのです。

ある日、王子さまは自分の星に残してきたバラの花のことを語り始めました。

王子さまは、バラに献身的に接する一方で、気難しくてわがままなバラの言葉に少しずつ疲れてきていました。あるとき、王子さまはバラから風よけのついたてを要求されますが、

用意するのが少し遅れてしまいました。

「ついたては、どうなすったの？……」

とバラに聞かれ、王子さまはこう答えます。

「とりにいきかけたら、きみが、なんとかいったものだから」

するとバラは無理に咳《せき》をして、王子さまをすまない気持ちにさせました。そんな仕打ちをされて、王子さまは本気でバラを愛していたにもかかわらず、バラの心を疑うようになり、情けない気持ちになってしまいました。バラがなんでもなく言ったことを真面目に受けてしまったのです。その後、王子さまはバラを残して星を後にしました。

そして、王子さまは飛行士に心を打ち明けて、こんなことを言いました。

「ぼくは、あの時、なんにもわからなかったんだよ。あの花のいうことなんか、とりあげずに、することで品定《しなさだ》めしなけりゃあ、いけなかったんだ」

「あの花のおかげで、いいにおいにつつまれていた。明るい光の中にいた。だから、ぼくは、どんなことになっても、花から逃げたりしちゃいけなかったんだ。ずるそうなふるまいはしているけど、根は、やさしいんだということをくみとらなけりゃいけなかったんだ。花のすることったら、ほんとにとんちんかんなんだから。だけど、ぼくは、あんまり小さかったから、あの花を愛するってことが、わからなかったんだ」

口は禍《わざわい》のもと、といいますが、言葉には、長年かかって築き上げた絆さえも一瞬で消えさせてしまう力があります。言葉を発した側も、じつは本心ではないことも多いのですが、嫉妬であったり、不安であったり、苛立ちであったり……その言葉の奥にある気持ちはくみとりにくいものです。

しかし、だからこそ、言葉で判断する前に、その人の行動や、その人の存在が自分に与えてくれているものに思いを馳《は》せるべきだと思います。星の王子さまは、いい薫りで包んでくれていたバラの存在を思い出し、自分はバラの言葉ではなく、そういうところに目を向けなければいけなかったのだと後悔しています。

相手の気持ちが自分から離れていきそうで不安を感じていると、変なことを言ってしまうということもあります。ついつい売り言葉に買い言葉になってしまうものですが、そのようなときこそ、一度あなたは口を閉じてみてください。静かに、その人がどれだけ自分にとって大事な存在かということを考えてみるのです。

もしこの人がいなかったら……。

〝失ってみないとわからない大切なもの〟について、王子さまは私たちに教えてくれています。

ささいな口論が増えてきたら、言葉ではなく、これまでの行動や存在そのものに意識を向ける

人間関係のトラブルが絶えない

人間関係のトラブルが絶えない人というのは、おしなべて軽率です。関わる相手や関わり方に、何らかの落ち度があります。原因が特定しやすいので、解決に至ることが多いのですが、そのようなトラブルのたびに、毎回エネルギーをとられてしまうので、その他のことがおろそかになりがちです。

人間関係のトラブルは、掃除に似ています。毎日少しずつ続けていれば、良い状態を維持できるのですが、怠《おこた》ると失《な》くし物やトラブルが多くなり、まとめての大掃除が必要になるのです。それにはかえって大きなエネルギーが必要です。

王子さまは、自分の星に、活火山を二つ、休火山を一つ持っていました。まったく爆発しないとはかぎらないので、休火山のすすはらいもしていました。

火山というものは、よくすすはらいしておきさえすれば、爆発なんかしないで、し

ずかに規則ただしく煙をはくものなのです。火山の爆発は、煙突の火とかわりありません。この地球の上では、ぼくたち人間が、あんまり小さくて、火山のすすはらいするわけにいかないことは、いうまでもありません。だから、ぼくたちは、火山の爆発のために、さんざ、なやまされるのです。(飛行士)

人間関係のトラブルが多い人というのは、自分の星に、手入れの行き届かない火山をたくさんもっているようなものだと思います。数を減らすか日頃から手入れをすればいいのですが、それがなかなか難しいので、爆発してからあわてて火を消すのです。するといつしか燃えカスのようなものが残る人間関係が、人生の中にずらっと並んでしまうのです。

人は、目の前の欲求に負けやすく、どこか楽観的に自分を許し、楽なほうへ流れるという傾向がありますが、そのような傾向の低い、〈**防衛的悲観主義**〉という思考パターンが注目を集めています。

ふだんからトラブルに備えて、マイナス面も考慮し、準備ができる思考パターンで、生産性が高いのが特徴です。そのような思考スタイルを持っている人に無理に楽観的に考えさせると、生産性が下がることが明らかになりました。

自分のキャパシティの範囲内で、労を惜しまず、たんたんと人を大切にできる人は、大きく目立つということはないかもしれませんが、長く安定した人気を得るものです。

噴火してからでは大変！　〝人間関係〟という休火山のすすはらいは日頃から

思い通りにならず、苛立ったとき

妻や夫、恋人や友人、職場の部下などが、聞く耳をもってくれなくて苛立つという人もいます。関わりをもっている以上、放っておけず、心配のあまりについあれこれ言ってしまうのですが、改善が見られないとイライラして、他のことまで目につくようになり、さらにあれこれと言うようになってしまうのです。

また、反対に、妻や夫、恋人や友人、職場の上司などが、自分に対してとる支配的な態度に苛立ち、耳をかさなくなってしまうという人もいます。

王子さまが自分の星を出て、最初に訪れた星の住人は、支配的な王さまでした。やっと家来ができたので喜んで、あれこれと王子さまに命令をしました。しかし、命令を断ると、まったく反対の命令をします。そうすれば、相手は命令通りに動くからです。どうしてほしいかよりも、自分の威光に傷がつかないことが大事なのです。

「わしが大将に向かって、チョウチョウみたいに、花から花へ飛べとか、悲劇を書けとか、海の鳥になれとか、命令するとする。そして、その大将が、命令を実行しないとしたら、大将とわしと、どっちがまちがってるだろうかね」（王さま）
「そりゃ、陛下《へいか》でしょう」（王子さま）
「そのとおり。人には、めいめい、その人のできることをしてもらわなけりゃならん。道理の土台あっての権力じゃ」（王さま）
「ぼく、また、旅をつづけます」（王子さま）
「いくな、いくな」（王さま）

「大臣《だいじん》にしてあげるから」（王さま）

「どうでしょうか、ぼくがすぐ出発するように命令なすっては」（王子さま）

「そのほうを、わしの大使《たいし》にするぞ」（王さま）

このように、王さまは、星から旅立つ王子さまを「大使」に任命するという方法で、自分の威信を守りつつ、見送ったのです。

「こうしてほしいのに、そうしてくれない」という事柄は、関係が親密になると、必ず出てくるものですが、「指摘したのに、それでもやってくれない」という結果は、さらなる疲れを呼ぶものです。出ていくからという理由で王子さまを大使として任命するというのは、おかしな話ではありますが、王さまにとっては、自分が傷つかずに済む良い方法なのでしょう。

大人同士の関係であれば、「こうしてほしい」という事柄の交渉には、上も下もなく、譲歩の気持ちが大切です。相手にも「こうしてほしい」という事柄が、少なからずあるものだからです。お互い様なのです。一方的に押し付けるのでも拒否するのでもなく、相手が受け入れやすいように話すことも大切です。

人は、相手が譲歩してくれたら、こちらも譲歩しなくては、という心理が働きます。〈**譲歩の返報性**〉といいます。親しくなるほどおろそかにされることですが、相手の威信を尊重することも大事です。

また、王子さまは、「出発するように命令なすっては」と提案しました。王さまの命令に背くわけでもなく、王さまを無視して勝手に出て行くわけでもなく、第3の選択を提案したのです。

人間関係というものは、葛藤《かっとう》が生じた際にとかく戦うか逃げるかの選択に陥りやすいものです。白黒はっきりさせたくなり、勝ちか負けか、戦うか逃げるかに囚われます。けれど、先入観を持たず戦闘態勢にもならずに、広い視野で考えてみれば、第3、第4の選択肢は見えてきます。どのような相手との葛藤でも、第3の選択肢を見つけることができる、そのようなコミュニケーションは、無駄に敵をつくることもないですし、自分自身も心穏やかでいることができます。

きょとんとした王子さまの言葉、とても好感が持てますね。

身近な人が思い通りにならずに苛立ったら、要求は受け入れやすく話し、交渉は譲歩する。無理な要求をしてくる人がいたら、第3の提案をする

ほめられたがる人への対策

誰かにしてあげたことを何度も話したり、髪型や持ちもの、気の利《き》いたような言葉まで、ほめてほしいという雰囲気が伝わってくると、なんとなくおもしろくない気分になって、素直にほめてあげることができない、という人もいます。

王子さまが2番目に立ち寄った星は、うぬぼれ男の星でした。ほめる言葉でなくては耳に入らず、パチパチと手をたたくと、帽子を持ちあげながら丁寧におじぎをします。王子さまはおもしろいなと、またパチパチと手をたたきました。その後うぬぼれ男は、王子さまに、自分に感心してくれるようにと頼みます。

「たのむからね、まあ、とにかく、おれに感心しておくれ」（うぬぼれ男）
「ぼく、感心するよ」（王子さま）
「でも、人に感心されることが、なんで、そうおもしろいの？」（王子さま）

王子さまは、拍手や感心を惜しみませんし、感心されることをなんとも思っていません。私たちが相手をほめるときに、ちょっと嫌だなと思うことがあるのは、感心されることは嬉しいことだと知っていて、それに値するかどうかという評価や相手との関係などの情報が判断に加わるからです。

けれど、そのようなことよりも、注目すべきことは、「その人は、ほめられると心が満たされる人だ」ということです。

心理学者マズローは、人間の基本的欲求を5段階に分類しました。ほめられたいという欲求は、その4段階目、〈**承認欲求**〉といいます。

〈承認欲求〉は、さらに上位レベルと下位レベルに分かれます。

他者からの注目・尊敬などの下位レベルの〈承認欲求〉が満たされれば、自尊感情など、上位レベルの〈承認欲求〉へ意識が向いていきます。他者からの承認に満足できると、その上の自分自身による承認レベルへ、関心がうつっていきやすいものです。満足できるようにほめれば、次のステップへ進んでいける可能性も高いのです。

それに、人の心を満たすことができるというのは、とても素敵なことです。間違いなく、あなたの魅力をアップさせます。〝ほめるかほめないか〟ではなく、〝もっとほめるところはないかな?〟ということを考えてみてください。本当に良いところをもっと見つけて、ほめてあげればいいのです。

ほめるかほめないか迷ったらほめる。まずほめて、さらにもっと良いところも見つける

周りが見えていない人には

自分のことでせいいっぱいで、周りが見えなくなっている人もいます。

自分の仕事に専念しすぎて、一般常識が通用しなくなってしまった自分に気づけないのです。そのような人は、自分の仕事には熱心で、たとえ生産性が低かったとしても、時間いっぱい取り組みます。余計な仕事を頼まれることをきらい、自分のことは棚に上げて、役割を全うしている人や、やるべき仕事において優秀な人とのみ、関わろうとします。

6番目に王子さまが訪ねた星は、地理学者の星でした。自分では探検はしないのですが、探検家がやってくると、その話をノートにとるのです。そして、その探検家がしっかりした人間かどうかをしらべ、証拠などの確認をするのです。王子さまがバラの花の話をすると、地理学者はこう言いました。

「わしたちは、花のことなんか書かんよ」

「地理学っていうものは、あらゆる本の中でも、一ばんだいじなこと書いてある。流行おくれになることなんか、けっしてない。―中略―　わしたちは、いつまでもかわらないこと書くんだよ」

王子さまにとっては、大切なバラであっても、地理学者にとっては、問題にすべきことではないのです。自分の仕事に誇りを持つのは素晴らしいことですが、専念するあまりに客観的な見方ができなくなり、ともすると、他の人の大事にしているものをおろそかにしてしまうこともあります。

そのような考えが身についてしまっている人と関わるときは、まずは、こちらは自分の仕事をしっかりやっておくことが大切です。その上で、相手が答えられる質問だけをするようにしてみてください。少しずつ凝り固まった考えを解きほぐしていく必要があるからです。

王子さまは、地理学者に何か言い返すようなことはせず、このような質問をしました。

「ぼく、こんどは、どこの星を見物したら、いいでしょうかね」

地理学者は、なかなか評判のいい星だからと、地球をすすめてくれました。

自分の仕事でせいいっぱいで、周りが見えていない人には、自分もきっちり仕事をこなしてから、相手が答えられる質問をする

愛情に自信が持てなくなったら

友情にしても恋愛感情にしても、出会いからしばらくの間は、熱心になるものです。その後、数ヵ月から数年が経つと、特に恋愛は、「本当にこの人が好きだろうか」と自分自身の愛情に不安を感じるようになる人もいます。

王子さまが4番目に訪れたのは、実業屋の星でした。

実業屋は5億以上の星を持っていると言います。実業屋はそれらの星を訪れたこともなければ、住んだこともありません。それでも実業屋の理屈では、自分が一番最初に星を持つということを考えたのだから、それらの星は自分のものだということでした。

王子さまは、何が大切かということになると、大人とは大変違った考えを持っていたので、実業屋に改めてこう言いました。

「ぼくはね、花を持ってて、毎日水をかけてやる。火山も三つ持ってるんだから、七日に一度すすはらいをする。火を吹いてない火山のすすはらいもする。いつ爆発するか、わからないからね。ぼくが、火山や花を持ってると、それがすこしは、火山や花のためになるんだ。だけど、きみは、星のためには、なってやしない……」

他者の利益のために外的報酬を期待することなく、自発的かつ意図的に行動をする傾向を**〈愛他性〉**といいます。

ここで王子さまが話している内容には、確固たる保護責任意識がベースにある〈愛他性〉を感じます。すっかり便利になり、お金さえあれば自由に一人で生きていけるようになった今の時代だからこそ、見直したい人間の美徳だと思います。

関わるということ、特別な存在として迎え、お互いに所有することは、同時に自分にできる貢献をし続けるということであるべきです。そのことを王子さまは心得ていて、実際に行動しています。

心理学者のジェッカーとランディは、恩恵と魅力に関する実験を行いました。ある活動の中で、実験者が、実験参加者へ、頼みごとをします。そして、頼みごとを受け入れ、施しを行った人たちと、そうしなかった人たちとで、実験者への好意に差が出るかを確認したのです。結果は依頼を受け入れ、施しを行った人たちのほうが、実験者への好意が高くなることが実証されました。

人には、相手に何かをしてあげると、その人への好意が増すという傾向があります。

身近な人に対する自分自身の愛に不安を感じたら、そのときこそ、より、その人の何か役にたてることを探してみてください。

「あんたが、あんたのバラの花をとてもたいせつに思ってるのはね、そのバラの花のために、ひまつぶししたからだよ」（キツネ）

共に過ごし、大切に接した時間が、愛と絆を深めます。

守るべき人を守っている、果たすべき責任を果たしている、そして身近な人を心から愛している、そのような人こそ人間性が高く、尊敬すべき魅力的な人なのです。

「いいなと思う人は、皆、結婚している」

結婚適齢期の悩める女性が、よく口にする言葉です。実のところ、そのような女性の多くは、これまで目にしてきた軽薄な男性たちに呆れはて、失望し、いっそ一人のほうがいいとすら考えているのです。妻やパートナーを大切にし続けている人は、他の女性からも尊敬され魅力的だと思われる、憧れの存在と言えます。

自分の愛に不安になったときこそ、相手の役に立つことをどんどんする

人間関係が不器用な人へ

社交的な人を見ると気後れしてしまい、自分が小さく思えてしまう……そういう人もいま

す。自分から声をかけたり、誘ったりするのが苦手で、せっかく出会いがあっても、なかなか心を開くことができません。自分のまわりにできる人間関係を自分自身で引き受けることに、とても繊細で慎重なのです。人と一緒にいたいという傾向〈**親和欲求**〉の強いタイプの人も多いです。〈親和欲求〉が強いので、別離や嫌われることに傷つきやすく、防衛的なふるまいが身についているのです。

そのような傾向を持った人は、自分から人を裏切ることは少ないのですが、相手から裏切られそうになると、自分から距離をおくことがあります。望ましい距離を敏感に感じ取り、お互いができるだけ傷つかないように関わります。

王子さまとキツネは、出会ったときに、このような会話をしました。

「きみ、だれだい？　とてもきれいなふうしてるじゃないか……」（王子さま）
「おれ、キツネだよ」（キツネ）
「ぼくと遊ばないかい？　ぼく、ほんとにかなしいんだから……」（王子さま）

名言を何度も口にしたキツネ。耳が長いのが特徴。

「おれ、あんたと遊べないよ。飼いならされちゃいないんだから」（キツネ）
「そうか、失敬《しっけい》したな」（王子さま）
「〈飼いならす〉って、それ、なんのことだい？」（王子さま）
「よく忘れられてることだがね。〈仲よくなる〉っていうことさ」（キツネ）
「……おれの目から見ると、あんたは、まだ、いまじゃ、ほかの十万もの男の子と、べつに変わりない男の子なのさ。だから、おれは、あんたがいなくたっていいんだ。あんたもやっぱり、おれがいなくたっていいんだ。あんたの目から見ると、おれは、十万ものキツネとおんなじなんだ。だけど、あんたが、おれを飼いならすと、おれたちは、もう、おたがいに、はなれちゃいられなくなるよ。あんたは、おれにとって、この世でたったひとりのひとになるし、おれは、あんたにとって、かけがえのないものになるんだよ……」（キツネ）

「でも、どうしたらいいの？」（王子さま）

「しんぼうが大事だよ。最初は、おれからすこしはなれて、こんなふうに、草の中にすわるんだ。おれは、あんたをちょいちょい横目でみる。あんたは、なんにもいわない。それも、ことばっていうやつが、勘《かん》ちがいのもとだからだよ。一日一日とたってゆくうちにゃ、あんたは、だんだんと近いところへきて、すわれるようになるんだ……」（キツネ）

ゆっくりと知り合い、友だちになったので、キツネにとって気がふさぐものであった麦畑が、金色の髪をした王子さまを思い出す、素晴らしいものになりました。

今の日本は、インターネットなどを使って、直接会ったことがなくても、すぐに友だちになったり、言葉を交わしたりすることもできますが、そのような世の中になってもキツネと王子さまの会話は、時を超えて多くの人の心を打ちます。その一つの理由は、キツネが麦畑を見るときに、王子さま一人しか思い出さないからではないでしょうか。そのように誰かから大切に思われることは、とても素敵なことだと多くの人が思うのでしょう。

〝人間関係に不器用〟という特徴は、実はとても魅力的なものだと思います。無理に社交的なふりをする必要もなく、斜《しゃ》に構えるのでもなく、時間をかけて、ゆっくり人とつながっていけばいいのです。そして、つながった人をずっと長く思いやれる心のほうが、多くの人が〝魅力的な心〟だと、感じると思います。

〝人間関係に不器用〟それも一つの素敵な魅力。つながった人を〝ずっと長く思いやれる心〟、それも一つの特別な魅力

身勝手な人にふりまわされたとき

急な予定変更、コロコロと変わる言い分、無神経な依頼、借りたものを返さない……。約束を守れない身勝手な人はいるもので、一度関わってしまうと、長期にわたりふりまわされることがあります。

約束を守ってもらえない自分に、何か落ち度があるのではないかと不安になってしまう人もいますが、多くの場合、関係性よりも本人の意志の弱さの問題です。

何らかの作業に関して、終わる時期を約束させるという場合にも、人には、楽観的に予測しすぎる傾向というのがあります。〈計画錯誤〉といいます。「○月○日までに終わる」と予測し、約束しても、実際にはもっと長くかかってしまう人が多いのです。

そしてこのような傾向は、繰り返し自覚しても、なかなか修正されません。将来を予測し、約束する際に、意識は未来にばかり向きがちで、過去に自分がどうだったかに考えをめぐらさないからです。

このような傾向は、恋愛において、よく問題になります。「ずっと一緒にいようね」という約束は、約束した際には望ましい未来を楽観的に描いて交わされるのです。過去に同じような約束をして〝守れなかった〟という体験については、考慮しないのです。

キツネは、きまりを守ることの魅力にもふれています。

「いつも、おなじ時刻にやってくるほうがいいんだ。あんたが午後四時にやってくるとすると、おれ、三時には、もう、うれしくなりだすというものだ。そして、時刻がたつにつれて、おれはうれしくなるだろう。四時には、もう、おちおちしていられなくなって、おれは、幸福のありがたさを身にしみて思う」（キツネ）

「きまりがいるんだよ」（キツネ）
「きまりって、それ、なにかい？」（王子さま）
「そいつがまた、とかくいいかげんにされているやつだよ」（キツネ）
「そいつがあればこそ、ひとつの日が、ほかの日とちがうんだし、ひとつの時間が、

ほかの時間とちがうわけさ」（キツネ）

約束は、守ってもらえると嬉しいものです。どちらも必ず守る人同士の約束は、途中変更がなく、きっぱりとしていて、タイムロスがありません。お互いの信頼関係が増すだけでなく、周囲からも尊敬されます。

反対に約束を守らない人は、信用を失い、軽蔑《けいべつ》され、軽視されていきます。実際のところ、約束を守れない人は多いので、約束を守るだけで、〝魅力的〟だと思われることもあります。

そもそも日本は法治国家ですから、社会全体が多くのきまりで成り立っています。一部の人だけ、または気にいったきまりだけ守ればいいのであれば、とたんに混乱が起きるでしょう。自分がきまりを守ることで、自分も守られているのです。

約束は守る。相手の失望を防ぎ、信頼という最強の魅力を得ることができる

すれ違いの日々が続いたら

共働きの場合、お互いに仕事で忙しい日が続くと、休みの約束もはっきりとできなかったり、メールの返信が遅れたり、電話のタイミングが合わなかったり……。やっと時間ができても、疲れていて、気持ちに余裕がなく、楽しく過ごすことができなかったりします。

このようなすれ違いの時期に、しっかりと心が結ばれていることを確認できる言葉があれば、かえって愛情が深まることがあります。

その一つの方法は、特別な存在であることをはっきりと公言することです。

王子さまは、自分の星にあったバラの花と似た花が地球にたくさんあるのを見て、さびしい気持ちになりました。しかしその後、キツネに「もう一度、バラを見に行ってごらんよ」と言われて、見に行きます。そこで、庭で無数に咲いているバラたちに、このような言葉をかけました。

「あんたたち、ぼくのバラの花とは、まるっきりちがうよ」

自分の星にある、自分が直接面倒をみたバラと、その他のバラとは、同じバラでもぜんぜん違うと、はっきりと言ってくれる言葉の気持ちよさ……。王子さまの一途宣言です。それも理由が、美人だからとか、料理が上手だから、などではありません。

「あんたたちは美しいけど、―中略― あんたたちのためには、死ぬ気になんかなれないよ。そりゃ、ぼくのバラの花も、なんでもなく、そばを通ってゆく人が見たら、あんたたちとおんなじ花だと思うかもしれない。だけど、あの一輪の花が、ぼくには、あんたたちみんなよりも、たいせつなんだ。だって、ぼくが水をかけた花なんだからね。覆《おお》いガラスもかけてやったんだからね」

このような一途宣言は、働き盛りで忙しい年代に多い、すれ違いによる疑心や不安を一掃する効果的な言葉だと思います。女性なら、自分のパートナーがこれくらいキッパリと公言してくれたら、あらゆる不安も吹き飛び、〝安心してこの人と一緒に生きていこう〟という気持ちになるでしょう。また、その言葉を聞いた人たちからも、信頼感と人気を得られると思います。

すれ違いの日々が続いたときこそ、きっぱりと一途宣言を

人生に少し疲れたら

東京は24時間明るく、街が眠りません。いつもどこかから音が聞こえていて、毎日郵便受けには何かが届き、〝いるか〟〝いらないか〟、〝するか〟〝しないか〟など、こたえなければならない質問や解決しなければならない問題であふれています。

やりがいを感じ、イキイキと活動できるときもありますが、ふと疲れてしまうときもあるものです。

　何のためにがんばっているんだろう……

このような気分になったときは、王子さまの言葉が道を示してくれます。

「星があんなに美しいのも、目に見えない花が一つあるからなんだよ……」

「砂漠は美しいな……」

「砂漠が美しいのは、どこかに井戸をかくしているからだよ……」

「きみの住んでるとこの人たちったら、おなじ一つの庭で、バラの花を五千も作ってるけど、……じぶんたちがなにがほしいのか、わからずにいるんだ」

「だけど、さがしてるものは、たった一つのバラの花のなかにだって、すこしの水にだって、あるんだがなあ……」

心の目で見れば、身近なものの中に、ちゃんと大切にすべきものが隠れているのだと思います。見えなくなることではなくて、見ようとしなくなることが、問題なのです。

人生で迷ったら、大切にすべきものを再確認して、それを守ることができるほうの道を選択しましょう。きっとそれが、人間として美しい道なのだと思います。

ふと疲れてしまったときこそ、よそを探すのではなく、妻、夫、長年のパートナー、親子、友人などの関係を見直してみてはどうでしょうか。もう一度命を吹き込むように、愛の再生を試みるのです。

すでに持っている身近なものの中に、永遠に続く大切なものを見出し、それを守れる道を選択し、人生を築いていく……それは、メロディーを生み出す努力に、似ていると思います。

「音楽の魅力はメロディーにある。生みだすのが最も難しいのがメロディーである」

これはオーストリアの作曲家ハイドンの言葉ですが、自分にとって大切なものをしっかり心において、これが正しく美しいと思う音を一つひとつ選びつなげていく、そのような努力の上に、人生というあなただけの楽曲ができあがるのではないでしょうか。

難しいからこそ、そうやって進み続ければきっと、正しく凜《りん》とした人間の道が、開けていくのだと思います。

人生に疲れたら、大切にすべきものを再確認して、美しいと思うほうの道を選択する

ネガティブな感情に気づいたら

嫉妬、見栄、卑屈、保身、損得勘定、不必要なライバル心、卑しさ……。自分の心の中に起こるネガティブな感情については、多くの人は、見て見ぬふりをしています。浮かんでは消えていくものなので、流れにまかせているのです。しかし、そのような感情の中には、上手に消えていってくれないものもあります。ネガティブな感情が長く心に滞留すると、つい人の失敗を願ってしまうこともあり、そのような自分の心の醜《みにく》さに驚いてしまう人もいるほどです。そして、そのような醜い感情は、表情に表れ、歳を重ねるごとに定着し、〝大人の顔〟ができあがっていきます。

中高年の男性または女性が数人集まって、嫉妬を含むネガティブな噂話をしているところ

を思い出してみてください。やや猫背、肩を少しあげて、顔はくもり、笑うときは少し顎を上にあげて、意地悪そうな目を横の人と合わせるのです。まさにそのような顔は、その人たちの心そのものを映し出しているのです。

人は、見たくないものを目にしたときに、顔をくもらせるものです。眉間《みけん》にしわがより、口角《こうかく》が下がり、目を細めます。反対に、見たいものを目にすると、目は開き、口角が上がり、眉毛も上に上がることも多いです。人間はお互いの表情を読み合いながら、連携プレーで生存率を上げてきたので、表情によるノンバーバルコミュニケーションは、命に関わる大事な能力ともいわれています。表情も、大きな魅力の一つなのです。

飛行士は、王子さまの寝顔を見て、次のように感じました。

〈この王子さまの寝顔《ねがお》を見ると、ぼくは涙の出るほどうれしいんだが、それも、この王子さまが、一輪の花をいつまでも忘れずにいるからなんだ。バラの花のすがたが、ねむっているあいだも、ランプの灯《ひ》のようにこの王子さまの心の中に光っているから

なんだ……〉

王子さまのくちびるが、心もち開いて、どこともなしに笑顔が見えるのです。

私利私欲に囚われない、安心しきった寝顔は、人を優しい気持ちにさせるのだと思います。

自分のネガティブな感情に気づいたら、優しい気持ちになれる誰かを思う時間に変えましょう。今、何を感じ、誰を思うかで、10年後の顔が変わってきます。

感情は表情をつくり、表情は10年後の顔を決める。ネガティブな感情に囚《とら》われそうになったら、優しい気持ちになれる誰かのことを思う

旅立つときに向けて

人生は、出会いと別れの連続です。何らかの目的で、短い時間をともに過ごし、離れて行く人が多いと思います。何かのときに思い出し、クスッと笑えるときもあれば、せつない気分になるときもあります。誰かが誰かを思い出すときというのは、心模様が様々です。

別れを前に、星の王子さまが、飛行士へ贈ったプレゼントは〝笑い声〟でした。

「ぼくは、あの星のなかの一つに住むんだ。その一つの星のなかで笑うんだ。だから、きみが夜、空をながめたら、星がみんな笑ってるように見えるだろう」

「きみの友だちたちは、きみが空を見あげながら笑ってるのを見て、びっくりするだろうね」

「そうすると、ぼくは星のかわりに、笑い上戸のちっちゃい鈴をたくさん、きみにあげたようなものだろうね……」

別れはとても辛いけれど、空を見上げるだけで、いつでも「友だちがいる」ということを実感できる、特別な贈り物です。遠く離れることになったとしても、お互いの絆をいつまでも感じることができ、思い出す度に幸せな気分に包まれる、最高のプレゼントではないでしょうか。

一つのプロジェクトが終わったとき、転勤になったとき、会社を退職したとき……一緒に過ごした時間のあなたのイメージは、相手の心を満たし続ける、素敵な贈り物になります。

人生は出会いと別れの連続。相手の心を満たし続けるイメージを贈れるように、共に過ごす時間を大切にする

『星の王子さま』から学ぶ、心をつかむ18のコミュニケーション

1	気になる人ができたときは、自分がまずリラックスする。そして、二人の間にある〝ヒツジの絵〟を見つけること
2	こだわりポイントに理解を示せば、強く印象に残り、相手の自信までアップさせる
3	長く続く心地よい関係のために、ちょっとした思い違いは、洒落た〈ユーモア〉で返す
4	絆を深めるには、相手の才能を開花させるような、わくわくする提案を
5	王子さまにとっての〝入り日〟のような、傷ついたときに回復するための方法を決めておく
6	身近な人が、悲しみにくれて壊れかけていたら、自分のことはひとまず手放して、100%向き合う
7	ささいな口論が増えてきたら、言葉ではなく、これまでの行動や存在そのものに意識を向ける
8	噴火してからでは大変！　〝人間関係〟という休火山のすすはらいは日頃から
9	身近な人が思い通りにならずに苛立ったら、要求は受け入れやすく話し、交渉は譲歩する。無理な要求をしてくる人がいたら、第3の提案をする
10	ほめるかほめないか迷ったらほめる。まずほめて、さらにもっと良いところも見つける
11	自分の仕事でせいいっぱいで、周りが見えていない人には、自分もきっちり仕事をこなしてから、相手が答えられる質問をする
12	自分の愛に不安になったときこそ、相手の役に立つことをどんどんする
13	〝人間関係に不器用〟それも一つの素敵な魅力。つながった人を〝ずっと長く思いやれる心〟、それも一つの特別な魅力
14	約束は守る。相手の失望を防ぎ、信頼という最強の魅力を得ることができる
15	すれ違いの日々が続いたときこそ、きっぱりと一途宣言を
16	人生に疲れたら、大切にすべきものを再確認して、美しいと思うほうの道を選択する
17	感情は表情をつくり、表情は10年後の顔を決める。ネガティブな感情に囚われそうになったら、優しい気持ちになれる誰かのことを思う
18	人生は出会いと別れの連続。相手の心を満たし続けるイメージを贈れるように、共に過ごす時間を大切にする

第五章　王子さまの矛盾行動と人間性

王子さまの行動の不思議

ここまでは、心理学・コミュニケーション学およびカウンセリング経験から得た情報などの視点から、『星の王子さま』に見られる魅力的なコミュニケーションについて、解説してきました。いかがでしょう。すぐに取り入れられそうなことはありましたか？

ここからは、冒頭でもふれましたように、少しおつき合いいただき、『星の王子さま』に見られるパーソナリティの矛盾点について、一緒に考えていただけたらと思います。世界的ベストセラーの登場人物を心理解説しようという大それた試みではありますが、私自身、地道に10年、ビジネスパーソンのカウンセリング実績を重ねてきましたし、心理学・コミュニケーション学という分野で、少なからず勉強という努力を続けている者として、大目に見ていただければと思います。

というのも、カウンセラーの視点で『星の王子さま』を再度読み直してみたところ、王子さまの行動には、いくつか、矛盾点があることに気づいたのです。

人には、自分の言動に関して〝一貫したものにしておきたい〟という心理があります。このような傾向を**〈一貫性の原理〉**と呼びます。一貫した言動をしていたほうが、社会において、周りから一定の評価を得やすくなるためと考えられています。

あの人なら、こういうことは怒るだろうから、やめておこう
あの人なら、こういうことでは怒らないから、そのままにしておこう

このように言動が一貫していれば、周りの人が、その人との関わりの目安をもつことができます。それがないと、いつどのような言動をとるかがわからないので、とたんに人間関係が困難になります。

しかし、〈一貫性の原理〉が働いている人間であっても、何かのおりに一貫していない、いつもとは違う矛盾した言動をとることがあります。そしてそのような矛盾というのは、実はカウンセリングにおいて、重要なポイントなのです。「本来ならば○○という行動をする

はずの人なのに、今回はしていない」といった矛盾点には、その人の隠れた価値観や感性、ミッション、欲望、迷いなど、本人も気づいていない重要なポイントが隠れている場合が多いのです。〝行動の矛盾〟これこそ、心の箱を開ける鍵なのです。

たとえば、ある企業の総務部で事務職を長く務めている男性から相談を受けたときのことです。その男性は、新しくできた、新規プロジェクトの立ち上げを専門とする部署に異動が決まり、「自分は就職してからずっと裏方の仕事をしてきたし、それが好きで向いているのに……」と不安を感じていました。しかし、その眼には輝きがあり、机の上に組んだ手の親指は上を向いていたのです。これらは、わくわくしているときの行動シグナルです。

「もしかしたら、それは、向いていることか、好きなことかもしれませんよ」

と伝えると、その男性はハッとした表情をして、たしかに小学校低学年の頃は、率先して遊びを考え出すタイプだったことを思い出したのです。中学で進学校に入学してから、周囲に遅れをとらないようにと、行動が保守的になり、いつしか斬新な発想をすることよりも、飼いならされた猫のように暮らす平安を選ぶようになっていたのです。

その男性は、幼い頃に、個性として発揮していた自分の〝アイディアを出す能力〟に気づくことができたので、今では遠慮なく、自由にアイディアを出せる職場環境を楽しんでいます。

前置きが長くなりましたが、星の王子さまの言動の矛盾を探っていくことで、より深く「大人の魅力」を探っていきたいと思います。正解のないディスカッション、ぜひおつき合いください。

どうしてヒツジが必要なのか？

王子さまは働き者です。活火山だけでなく休火山のすすはらいも習慣にし、バオバブの芽を抜き取ることにも熱心です。

「きちょうめんにやればいいことだよ。朝のおけしょうがすんだら、念入りに、星のおけしょうしなくちゃいけない。—中略—　とてもめんどくさい仕事だけど、なに、ぞうさもないよ」（王子さま）

このような発言をする人は、役割を果たすことの楽しさや心地よさを知っている人だと思います。そういった人は、反面、自分のすべきことを代わりに誰かにやってもらうことについて消極的です。自分の仕事に手を出されたくない、と考える人も多いものです。星に戻ったら、これまで通り自分で抜き取ればいいのに、なぜそうまでして小さな星にヒツジを連れていこうとしたのでしょうか？

もしかしたら、〝やるべきことを済ます〟ということばかりに注意を払っていた、星での日々を見直し、バラと過ごす時間をもっと大切にしたいと考えたのかもしれません。一番気がかりな仕事をヒツジにまかせることができれば、バオバブの脅威のない平和な星で、バラの傍でただ何もせず、ゆっくりと過ごすことができます。そのような時間をつくろうとしたのではないでしょうか？

忙しいパートナーを持つ女性にとっては、何より嬉しいことですよね。

別の可能性としては、星に戻ったときには、自分はもう、そのような労働ができない身体になっているかもしれないと思ったのかもしれません。星に帰るのに、身体は持っていけないということを話しています。

「ね、遠すぎるんだよ。ぼく、とてもこのからだ、持ってけないの。重すぎるんだもの」

元来働き者の王子さまですから、身体のない、労働力としては貢献できない状態で星に戻るのは不本意であったため、一番の心配事を解決できるヒツジを連れて、戻りたいと思ったのではないでしょうか。

著者であるサン＝テグジュペリは、『星の王子さま』を執筆したころは、度重なる飛行機事故で、自身では飛行用の服を着ることが難しいほど、体調が思わしくなかったと伝えられています。

相手に、今までのようにはしてあげることができないというもどかしさは、入院などの経験がある人は、共感できることなのではないでしょうか。

結果としては、王子さまの身体はどこにも見当たらず、身体も星に戻ることができたようです。そして、さらに飛行士が、皮ひものついていない口輪を描いたために、ヒツジがバラを食べないように見ていなければならないという新しい心配を抱え込むことになりました。かえって仕事が増えたのです。そのような王子さまの様子を想像すると、コンピューターによりとても便利になったけれど、その分コンピューターの世話をする必要ができてしまった私たちの生活にも、通じるものがありますね。

なぜ、バラにだけ気を遣うのか?

王子さまの発言には、その率直さのあまり、ともすると相手にとって失礼なものが見られます。


出会ったばかりの飛行士が、絵を描いてくれているというのに、

「これ、ヨボヨボじゃないか」

と言ったり、出会ったばかりのヘビに、

「きみは、へんな動物だなあ」

と言ったり。それなのに、バラへの否定的な意見は、心の中でつぶやきがちです。

この花、あんまりけんそんではないな

この花ったら、ずいぶん気むずかしいなあ……

誰にでも言いたいことを言うタイプの王子さまが、バラにだけ率直なコミュニケーションをとれないというのはなぜでしょう。

一つ考えられるのは、〝失いたくなかったから〟というものです。相手を失いたくないという思いが強くなると、強く否定的なことが言えなくなるものです。

また、〝言っても無駄だ〟と思ったときにも、人は率直なコミュニケーションを避けるようになります。けんそんではなく、ちょっとした虚栄もみせるバラの行動に、人の話は聞かないタイプだと、判断したのかもしれません。

〝どう関わっていいか、まだよくわからない〟という場合も、人は率直なコミュニケーションを避けがちです。仲良くなりたいけれど、どうしたらいいかがわからず、戸惑っていたのかもしれません。

いずれにしてもバラは、王子さまにとって、最初から他の登場人物とはまったく違う、特別な存在だったことは間違いないですね。

とつぜんしずんだ王子さま

矛盾というほどではありませんが、人が急に顔色を変える時というのは、大切な心理が隠れている場合があります。王子さまは自分の星が小さいことについて声をたてて笑い、飛行士と話していましたが、どこかしらしずんだ顔になり、次のように言いました。

「まっすぐどんどんいったって、そう遠くへいけやしないよ……」

バラのいない寂しさが急に込み上げたのかもしれません。ホームシックなどは、旅先で幸せそうな家族と関わりをもったあとに込み上げてくることがあります。笑い合えるような会話があったからこそ、ふと、今そばにはいない存在に思いが至った可能性はあります。

放棄してしまった責任を思い、罪悪感にかられたのかもしれません。星の説明を口にだしてしたことで、歩くこともできないバラを置きざりにし、1年以上も世話をしていないことを実感し、自責の念にかられたのです。このような様子は、楽しく会話をしている中のキーワードがきっかけになり、ふと自分のミスで仕事がうまくいかなかった記憶などが思い出されると、現れがちです。

バラのことは大好きだけれど、星は小さく、お互いの行動がまるわかりで、いつもあれこれ要求されていた日々を思い、ブルーな気分になったのかもしれません。星に戻ろうという気にはすでになっているものの、迷いがあったとしても納得できます。

愛する人がいるからこその憂鬱《ゆううつ》……あなたも経験があるのではないでしょうか。

王子さまの暴言

王子さまは、基本的に率直なコミュニケーションをしがちですが、相手が何もしないのに責めるということはしません。ちょっとした誤解は、ユーモアで返すセンスもあります。しかし、5000のバラたちへの発言は、ともすると一方的で理不尽な暴言にも感じます。

「あんたたち、ぼくのバラの花とは、まるっきりちがうよ。それじゃ、ただ咲いてるだけじゃないか。だあれも、あんたたちとは仲よくしなかったし、あんたたちのほうでも、だれとも仲よくしなかったんだからね」

「あんたたちは美しいけど、ただ咲いてるだけなんだね。あんたたちのためには、死ぬ気になんかなれないよ」

バラの花たちが王子さまを追い回したとか、気を引こうとしたとか、反対にひどい態度をしたとか、そのようなことは一切なく、ただ美しく咲いているだけなのに、なぜこのような言葉を口に出して言いきらなくてはいけなかったのでしょうか。バラの花たちにとっては、よけいなお世話、そのようなことは聞いていません、という話だと思いますし、星にもどってから自分のバラだけに話せばそれでよさそうな内容です。

この発言が本当に5000のバラに向けての言葉だったという場合は、ただ単に、王子さまにまだ子供っぽいところがあるからだと考えられます。自分の心に浮かんだことを相手が聞きたいか聞きたくないかも考えず、どんどん話すというのは、幼い頃によく見られる行動です。大人になってからも、自分の考えがはっきりしたり、気持ちが高まったりしたときなどに見られます。自分がすごく大切なことに気づけたことに高揚して、思わず失礼なことを言ってしまったのでしょう。

自分自身に対しての言葉だったとしたらどうでしょう。決心はしたものの、これだけたくさんの美しい花が咲いているのですから、一輪のバラを選び、仲良くなることもできたでしょう。ヘビに噛《か》まれてまで星に戻らず、キツネや後に飛行士という友だちができる地球で、新しいバラと暮らしていくこともできたのです。そのような甘い選択の可能性をゼロにする、自分自身に対する宣言だったのではないでしょうか。

サン＝テグジュペリは、多くの女性から人気がありました。妻のコンスエロとは別のかたちで、サン＝テグジュペリに愛を注いだ複数の女性の存在が知られています。

キツネの言葉にハッとし、成長した王子さまが、自分自身を律するために高らかに宣言したということも考えられるでしょう。

星にいるバラに対しての言葉だったとしたら、アピールということになりますね。君は本当に特別なバラなんだよ、それがしっかりわかったんだ、これから帰るからね、というアピールであり、意思表示です。

バラのモデルは、様々な説がありますが、主にサン＝テグジュペリの妻であるコンスエロとされています。何度か行き違いがあり、離れて生活したこともある二人ですが、星の王子さまを執筆しはじめた頃は、仲良く暮らしていたと伝えられています。

「一週間に53分」の謎

これは、行動心理に関する話題ではなく、素朴な疑問です。

王子さまが出会った丸薬を売るあきんどは、一週間に1粒ずつ飲むと、それきり何も飲みたくなくなる、という丸薬を売っていました。それを売っている理由を王子さまが聞いたところ、時間が倹約になるからだと答えました。その倹約になるという時間ですが、一週間に53分だというのです。53といえば素数なので、7で割り切ることができません。いったいどういう計算が成り立っているのでしょう。

ちなみに、53というのは、8番目のソフィー・ジェルマン素数です。2p＋1も素数になる素数のことで、フランスの数学者、ソフィー・ジェルマンによって名づけられました。

7日間のことなのに、7で割り切れないということは、〝ありえない〟という意味で、とらえることができると思います。何かを飲みたくなるから人間であり、喉が渇かなくなることは、人間ではなくなってしまうことを示しているのかもしれません。サン＝テグジュペリは、砂漠での飛行機事故により、喉の渇きと命との関連を強く知っていたと思われます。

薬は何らかの〝人工的な物〟、そして水は〝愛〟などをたとえているとしたらどうでしょう。飛行士と王子さままで一緒に井戸を探しに歩きだしたとき、王子さまはこのように言っています。

「水は、心にもいいものかもしれないな……」

心によい大切なものが、何らかの人工的な物により、なくても平気になってしまうことは、時間が手に入ったとしても生きているとはいえない、とうてい割り切れない事だ、という意味なのかもしれません。

丸薬売りの話を受けて、王子さまは、次のように思います。

〈ぼくがもし、五十三分っていう時間、すきに使えるんだったら、どこかの泉のほうへ、ゆっくり歩いてゆくんだがなあ〉

自分の心にとって大切なものは、ゆっくり時間をかけて、探し求めるから、その素晴らしさが実感できるのかもしれませんね。

重すぎるから星には戻れない？

『星の王子さま』はファンタジーです。星にそのまま戻れない理由として、重すぎるというのは、どこか現実的すぎないでしょうか。星は家ほど小さいし、バラもキツネもヘビも言葉を話します。地球に来るまでの星と星だって、その身体で移動してきたのだと思います。なぜ、自分の星に戻るときだけ、重すぎるということになってしまうのでしょうか。

『星の王子さま』のヒントとなった作品とされる『人間の土地』には、このような表現があります。

「**ぼくら人間について、大地が、万巻の書より多くを教える。理由は、大地が人間に抵抗するがためだ**」

王子さまは、重力の大きい星・地球に来て、自分の身体の重さを感じ、簡単には自分の星に戻れないということがわかり、果たせない責任や帰れない無念さをはじめて強く実感したのではないでしょうか。サン＝テグジュペリ自身も、空へ飛び立つために大地に抵抗するという経験、そして、墜落しないように大地に抵抗するという経験を多数していました。

また、王子さまは地球に、成長するために来たとしたらどうでしょう。十分重さがある人間になったと同時に、大地に抵抗できるようにもなった、と考えることもできるかもしれません。

「なぞは、みんなおれがとくさ」

ヘビと王子さまが出会ったときに、ヘビは、もし王子さまが、自分の星がなつかしくてたまらなくなって帰りたくなったら、助けてあげると伝えました。そこで王子さまが、なぜなぞのようなことばかり言うのかを聞くと、ヘビはこう答えました。

「なぞは、みんなおれがとくさ」

そのあと、なぞについて答えは書かれていません。いったいヘビがとくなぞの答えは何だったのでしょう。

言葉に答えがないのだとしたら、答えは行動の中にあります。ヘビがしてくれた行動そのものが、答えだったのではないでしょうか。では、ヘビは何をしたか……。それは、たった一度しか使えない、大切な毒を王子さまのために使い、星に戻してくれたのです。

「きみ、いい毒、持ってるね。きっと、ぼく、長いこと苦しまなくていいんだね？」

毒をもって、王子さまをバラのもとへ戻してあげる、それこそが王子さまの寂しさを癒やす唯一の方法ということなのでしょうか。王子さまの幸せは、よその場所、地球では見つからないと、ヘビは出会ったときから知っていたということになります。

また、王子さまが地球で気づいた大切なものが、愛の永遠性だったとしたらどうでしょう。そして、それは、実は、人間の弱さと深く関係しているものなので、身体を持った人間の状態では貫くことが難しいと……。シェイクスピアの『ロミオとジュリエット』、映画

『ゴースト』『タイタニック』『風立ちぬ』……。語り継がれるラブロマンスは、主人公が亡くなるというかたちで、愛の永遠性が確実になるものが多いのです。

身体に重さがあるうちは、永遠の愛へ飛び立つことは、難しいのかもしれません。

『星の王子さま』が出版になった翌年、サン＝テグジュペリは、コルシカ島沖を飛行中に行方不明となり、帰らぬ人となりました。

第六章　もしも王子さまが、あなたの同僚だったら——

大人社会の事情と現実

１９００年6月29日、５人兄弟の3番目としてリヨンに生まれたサン＝テグジュペリは、家族が所有する美しい城館で、恵まれた幼少時代を過ごしました。当時の写真をみると、髪型や顔の形も、星の王子さまにそっくりです（左ページの右写真）。

サン＝テグジュペリは、作家であり、飛行士でもありました。

21歳で民間飛行免許を取得、26歳で航空会社のラテコエール社に入社、北アフリカから南米への路線開拓に貢献し、郵便飛行士として活躍しました。

当時、飛行機の継続運行距離は短く、長距離輸送には中継基地が必要でした。１９２７年、サン＝テグジュペリはキャップ・ジュビー（現在のモロッコ）の砂漠の中に設けられた、中継基地に主任として赴任します。その間、家族に宛てた手紙に、絵を添えて、砂漠キツネを飼うことにしたと書き送っています。

砂漠キツネは、『星の王子さま』に登場するキツネのように、耳が長いのが特徴です。すばしっこく臆病で、なかなか罠にかからないと聞きました。

サン＝テグジュペリ。右写真は幼少のころ。

私の事務所には、『星の王子さま』オリジナル版書籍と絵本、星の王子さまのぬいぐるみとキツネのぬいぐるみを展示しています。

棚のそばにある椅子に座り、絵本を開き、考えてみました。星の王子さまやキツネが、同じ会社で働く仲間だったらどうでしょう。

キツネの言葉はとても心に響きます。一度親しくなったら、ずっと大切にしてくれるでしょうし、残業などで二人きりになったときに、珈琲をのみながら、ふと、迷いを晴らす言葉をかけてくれるかもしれません。仕事を離れても、一対一の絆を深めることができそうです。

ただしキツネは、人間があまり好きそうではありません。時間に正確で、きまりを守ることを重視し、少しずつ親しくなることを希望します。ビジネスシーンでは、一緒に仕事をすると決まったら、たとえ相手がどんな人でも、好き嫌い、嫉妬心、自分の価値観などもひとたび心の奥にしまって、マックス良い成果を残せるよう、今この瞬間から力を合わせることも必要です。多少の遅刻やイレギュラーな事態も、相手や状況によっては見過ごす度量も必要でしょう。一日少しずつ決まった時間に、様子を見ながら、というわけにはなかなかいかないものだと思います。

王子さまは、緑色の服に赤い蝶ネクタイ、金色の髪が美しい少年です。もしも私が仕事で大きな失敗をして、あせっているときに、突然王子さまが現れて、「ヒツジの絵をかいて」と言われたら、飛び上がるほど嬉しいでしょう。ぼうっと輝く王子さまを見て、夢のようだと思うでしょう。

けれど私は、（正直に言います）ゾウをこなしているウワバミの絵は、帽子にしか見えません。

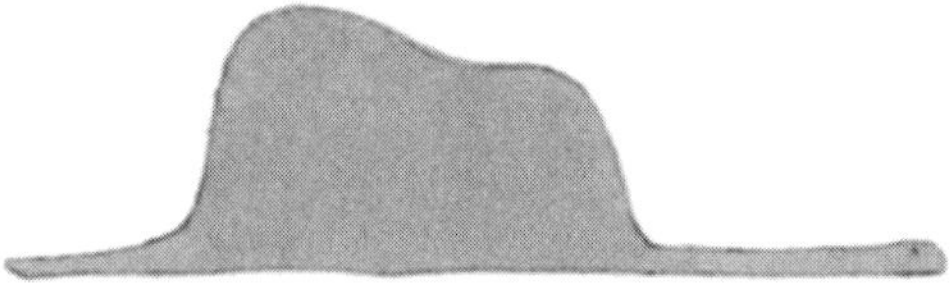

物語の最初に出てくる有名な絵。ウワバミとは、大きなヘビのこと。

そのなかみは、ご覧の通り。半年かけてゾウはこなれるらしい。

自分のやるべきことが明確で、それを一刻も早く果たすべきときに、「ヒツジの絵をかきなおしておくれよ」と言われたら、王子さまのことがどんなに好きでも、ちょっと困ったなと、思ってしまいます。

できる限り丁寧に接したいとは思ってはいても、解決しなければならない問題で頭がいっぱいで、つい間に合わせの返事をしてしまったときに、「大人みたいな口のききようをする人だな!」と腹をたてて言われたら、こちらの事情も少しは察してほしいと、思ってしまうでしょう。

私もどうやら大人じみているのかもしれません。

でも、不思議なことに、箱の中の羊は、なんとなく見えるような気がします。

バラは王子さまをどう迎えたか?

一度は責任を放棄して、星から離れた王子さま。ヘビに噛まれるという痛みを経て、バラのもとへ戻ります。そのとき

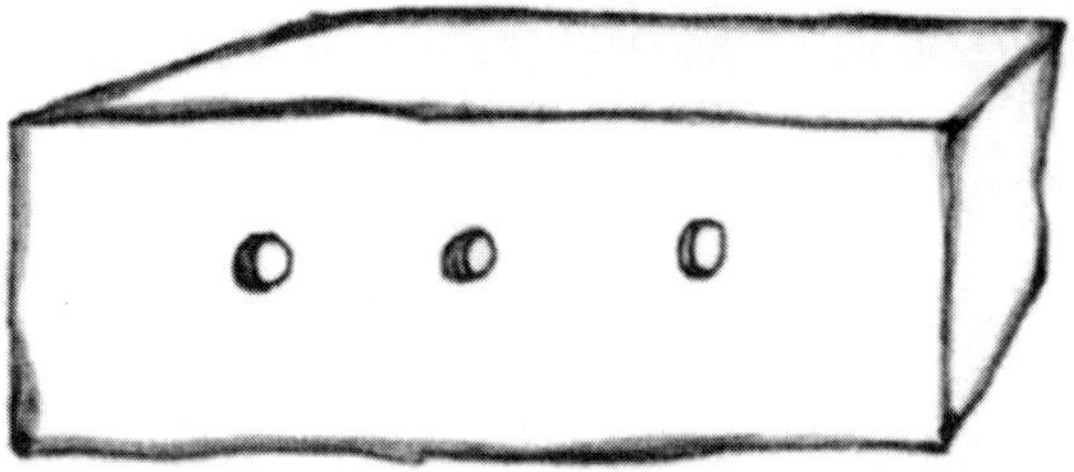

あなたは何に見えますか？　なんとヒツジの入った箱なんです！

バラは、どのように王子さまを迎えたのでしょう。

バラは王子さまの姿を見て、心の中では飛び上がるほど嬉しく、ほっとしたのだと思います。それは間違いありません。でも、次の瞬間いろいろな思いがこみ上げて、複雑な心境になったでしょう。それでも顔には出さず、「そうですか」と、〝けんそんではない〟態度をとったのではないでしょうか。

その後は、ヒツジが増えたくらいで、他は何も以前と変わらず、星での生活がたんたんと続いていく……そんな様子を想像しました。

実社会では、一度期待を裏切って離れた相手と、人間関係を再構築するためには、以前に増して、大きな努力が必要です。もう二度と期待を裏切ることはないと、行動で示していく必要があるからです。

実のところ、受け入れてくれない場合も多いものです。勝手に出て行った人を「はいそうですか」と迎えられないという心情は、強く根深いものがあります。

もしあなたが、誰かから一度離れ、だからこそ「自分にとって、たった一つの特別なバラだった」と気づいたのなら、できるだけ早く戻り、やりなおしたいと伝えてみることをおすすめします。

また、離れたわけではないけれど「自分にとって特別なバラなのに、大事にしてこなかった」と感じたら、今までの感謝と、これからの人生が楽しみになるような言葉をかけてみるのが良いのではないでしょうか。

「これまでありがとう」
「あのときの選択はやっぱり正しかった」
「これからもずっとよろしく」

子供であった自分を忘れない

王子さまは、星に戻っていきました。飛行士も、自分のもとの生活に戻ったのでしょう。『星の王子さま』の最後のページを読むと、飛行士はかなしみにしずんでいます。もしも王子さまを砂漠で見かけるようなことがあれば、

王子さまがもどってきた、と、一刻も早く手紙をかいてください……

と、読者に願い、お話は終わっています。

『星の王子さま』の世界は、独特の雰囲気があり、とても魅力的です。ともすると自分たちのいる現実の世界が残念なものに思えてくることもあるほどですが、『星の王子さま』から学んだことを心にとめつつ、実社会で、しっかりと生きていきたいものだと思います。

仕事をしていれば、立場上表立って言えないことや、嫌われるのを覚悟で言わなければな

らないこともあります。苦手なことや気の進まないことも、山ほどこなす必要があります。力不足を痛感したり、理不尽な目にあったりすることも、多々あるでしょう。ファンタジーではない、実際の生活には、リアルな試練に向き合うという体験がつきものです。

「人間というのは、障害物に対して戦う場合に、はじめて実力を発揮するものなのだ」

これは、『人間の土地』の冒頭に書かれた、サン=テグジュペリの言葉です。

現実の社会では、たくさん失敗しつつも、一生懸命生きて、経験を積んでいくからこそ、力もつき、大人の魅力が磨かれていくのだと思います。そのような作業の積み重ねが、人間性の探求につながるのではないでしょうか。

『星の王子さま』は、深い思想が詩的につづられたモラリスト文学の傑作である『人間の土地』から、ヒントを得た作品とされています。『星の王子さま』をテキストに学ぶのであれば、やはり多少はモラリスト的な視点も入れて、この先の人生に活かしたいものです。その詩的喚起力と言葉を手がかりに、魅力の向上を目指すと同時に、自分自身や人間そのものの在り方を見直すことも、忘れずに、取り組んでいきたいと思います。

だれも、はじめは子どもだった。

しかし、そのことを忘れずにいるおとなは、いくらもいない。（サン＝テグジュペリ）

子供であった自分を忘れず、実社会にも適応し、しっかりと生きていく、そのような大人の魅力こそ、のばしていきたいものだと、心から思います。

あとがき

「私は、私自身の証人である」

これは、一番好きな、サン＝テグジュペリの言葉です。

いつも、〝自分が何をしているか〟をわかっていること、自分自身の証人であり続けることは、難しいものです。

卑怯な自分、有頂天な自分……、何が一番必要な自分なのか、自分自身を冷静に見るのは難しいのです。

「たいせつなものは、目に見えない」

心という目で見て、自分自身の証人であり続けること、それこそが、人生を通して、〝私〟を大切にし続けるということなのかもしれません。

おのれを見る。どんなときも〝自分を見ている自分〟を知る。真の意味で私自身の証人になれたとき、異性だけでなく、人間から、人生を通して、長く〝もてる〟のではないでしょうか。

まだまだ皆さんと話したいことは尽きません。

この本を手にとり、読んでくださってありがとうございます。
出版に際しては、多くの方からご助言をいただきました。
成城大学教授、奥田秀宇先生には、対人魅力研究をはじめ、幅広くご助言とヒントをいただきました。成城大学教授、村田裕志先生には、『星の王子さま』という作品誕生の社会的背景をはじめ、様々な角度でご助言とヒントをいただきました。長くご指導いただいている現象学者、神咲禮先生には、多くのご指摘とアドバイスをいただきました。まことにありがとうございました。また、執筆の機会をくださった灘家薫さんはじめ、講談社の皆さんに大変お世話になりました。心からの感謝をお伝えし、ペンをおきたいと思います。

晴香葉子

本書に出てくるキーワード

対人魅力……人が人に対して持つ好意や嫌悪、その要因などを研究する社会心理学の一分野。（9ページ）

単純接触効果……繰り返し接すると好意度が高まるという心理的効果。アメリカの心理学者ロバート・ザイアンスが実証したため、ザイアンスの法則とも呼ばれる。（9ページ）

ベビーフェイス効果……大きな頭、丸顔、大きな目、小さな鼻など赤ん坊や幼児の特徴を持つ人やモノを見ると、「無邪気・無力・純真」といった性格だろうと判断し、好意度が増すという現象。（17ページ）

ステレオタイプ……特定の社会集団のメンバーが、同じ特性を持っているだろうとする信念。（48ページ）

カテゴリー化……ある集団や成員を、いろいろな特徴で分類、区分けすること。（51ページ）

対人感情……人間関係において発生する、特定の人物に対する持続的な感情。（69ページ）

対人認知……相手の容姿や行動、評判などを手がかりに、その相手の意図や感情、パーソナリティなど、内面的な特性を推定すること。（71ページ）

対人行動……人々が他の人に対して示す行動。（71ページ）

社会的浸透理論……対人関係の発展と衰退の仮定に関する理論。個人のパーソナリティは、欲求や感情などの中心層から、言語的行動などの周辺層にわたり、同心円的に構成されているとした。（74ページ）

衡平性……人々の満足度がつりあっている、バランスが取れている状態。（77ページ）

互恵性……互いに、何らかの便宜や利益を与え合うこと。（77ページ）

合理化……自分のとる行動や態度、考え方などに対して、妥当な説明を与え、不安や葛藤を回避しようとすること。（79ページ）

社会的交換理論……交換という観点から、社会の様々な現象を解きほぐそうとする理論。（88ページ）

モデリング……モデルとなる人や行動などを観察することで、新たな行動が学習されることや、観察者の行動や言動が修正されること。（90ページ）

強化理論……人間のモチベーションや行動に影響を与える、報酬などの正の強化や、罰などの負の強化に関する理論。（94ページ）

エピソード記憶……人生のある特定の出来事に関して残る、個人的な経験の記憶。（95ペー

ジ）

自尊理論……自信を失っているときに好意を示してくれた相手には、好意を感じるようになるとした理論。心理学者ウォルスターが提唱。（97ページ）

補色効果……色を虹の順番にリング状にならべた色相環で、反対側に位置する二色を補色と言い、補色となる色の組み合わせは、お互いの色を目立たせる効果があること（105ページ）

アイスブレイク……初対面など、何らかの緊張状態において、人と人との間にある緊張を解きほぐすための手法。（108ページ）

共感的理解……相手の世界をそのまま感じるように、相手の私的世界をそっくりそのまま受け取り、理解すること（113ページ）

ユーモア……会話や文章などにより、相手を笑わせることや、そのような気質のこと。人間特有のコミュニケーションとして研究されている。（117ページ）

自己効力感……外界の事柄に対し、自分が何らかの働きかけをすることが可能であるという感覚。（119ページ）

葛藤解消……自分なりに見つめても答えが出ないような状態が、終了すること。（120ページ）

セルフコントロール……自分の感情や行動を自分自身で制御すること。（123ページ）

防衛的悲観主義……悲観的に考えることで、かえって生産性が高まる傾向。（132ページ）

譲歩の返報性……相手が譲歩してくれたら、こちらも譲歩しなくてはとの考えが浮かぶという傾向。（136ページ）

承認欲求……他人から認められたいと思う感情の総称。（139ページ）

愛他性……外的な報酬を期待せず、他者の幸福や利益、社会福祉のために行動しようとする傾向。（143ページ）

親和欲求……人が、誰か他者と一緒にいたいと望む傾向や、身近な人から好かれたいと思う欲求のこと。（146ページ）

計画錯誤……計画しても、予定通りにはいかない様子。仕事完了の時間を過少見積もりする傾向。（150ページ）

一貫性の原理……自分自身の言動、考え方などを一貫したものにしたいと思う心理。（167ページ）

参考文献

サン＝テグジュペリ（著）、堀口大學（訳）『人間の土地』1955、新潮社
サン＝テグジュペリ（著）、山崎庸一郎（訳）『人間の大地』2000、みすず書房
サン＝テグジュペリ（著）、内藤濯（訳）『星の王子さま―オリジナル版』2000、岩波書店
サン＝テグジュペリ（著）、堀口大學（訳）『夜間飛行』1956、新潮社
サン＝テグジュペリ（著）、山崎庸一郎（訳）『南方郵便機』2000、みすず書房
サン＝テグジュペリ（著）、山崎庸一郎（訳）、『戦う操縦士』2000、みすず書房
シモーヌ・ド・サン＝テグジュペリ（著）、谷合裕香子（訳）『庭園の五人の子どもたち―アントワーヌ・ド・サン＝テグジュペリとその家族のふるさと』2012、吉田書店
ジョン・フィリップス、エドモン・プチ、アン・モロウ・リンドバーグ、アントワーヌ・ド・サン＝テグジュペリ（著）、山崎庸一郎（訳）、『永遠の星の王子さま―サン＝テグジュペリの最後の日々』1994、みすず書房
アラン・ヴィルコンドレ（著）、鳥取絹子（訳）『サン＝テグジュペリ 伝説の愛』200

６、岩波書店

ジュール・ロワ（著）、山崎庸一郎（訳）『サン＝テグジュペリ 愛と死』１９６９、晶文社

山崎庸一郎『サン＝テグジュペリの生涯』１９７１、新潮社

三田誠広『星の王子さまの恋愛論』２０００、日本経済新聞社

コンスエロ・ド・サン＝テグジュペリ（著）、香川由利子（訳）『バラの回想―夫サン＝テグジュペリとの14年』２０００、文藝春秋

ナタリー・デ・ヴァリエール（著）、山崎庸一郎（監修）、南條郁子（訳）『「星の王子さま」の誕生―サン＝テグジュペリとその生涯』２０００、創元社

奥田秀宇『人をひきつける心―対人魅力の社会心理学』１９９７、サイエンス社

齊藤勇（著、編集）、古屋健、稲松信雄、高田利武、川名好裕（著）『対人魅力と対人欲求の心理（対人社会心理学重要研究集２）』１９８７、誠信書房

露木茂、仲川秀樹（著）『マス・コミュニケーション論―マス・メディアの総合的視点』２００４、学文社

Albert Bandura（編集）『Self-Efficacy in Changing Societies』1997, Cambridge University Press

ジョン・T・カシオポ、ウィリアム・パトリック（著）、柴田裕之（訳）『孤独の科学―人はなぜ寂しくなるのか』2010、河出書房新社
ダニエル・アクスト（著）、吉田利子（訳）『なぜ意志の力はあてにならないのか―自己コントロールの文化史』2011、エヌ・ティ・ティ出版
池田謙一、唐沢穣、工藤恵理子、村本由紀子（著）『社会心理学（New Liberal Arts Selection）』2010、有斐閣
無藤隆、森敏昭、遠藤由美、玉瀬耕治（著）『心理学（New Liberal Arts Selection）』2004、有斐閣

晴香葉子

作家・心理カウンセラー・コミュニケーション学研究者。

東京都出身。成城大学大学院コミュニケーション学専攻。IT系企業に技術職として勤務し、ビジネス経験を積みながら、各種学校にて応用心理学、心理カウンセリングなどの手法を学ぶ。カウンセリングスクール講師を経て、ビジネスパーソンを対象にした心理カウンセラー・講師として独立。豊富な知識とあたたかくも明快なアドバイスが評判になり、カウンセリング実績1万時間を超える一方で、テレビやラジオ、雑誌などのメディアで心理解説・監修を手がける。専門は社会心理学、コミュニケーション学。研究テーマは、就労者の社会的スキルと自己肯定感。日本心理学諸学会連合認定心理学検定1級。日本心理学会、日本社会心理学会に所属。著書には『「こんなはずじゃない自分」に負けない心理学』(明日香出版社)、『「本心がわからない」ときに読む本』(あさ出版)、『幸せの法則 どんな時も優しさに変えて』(彩雲出版)ほか多数あり、海外でも4冊出版。

講談社+α新書 636-1 A

もてる!『星《ほし》の王子《おうじ》さま』効果《こうか》

女性の心をつかむ18の法則

晴《はる》香《か》葉《よう》子《こ》 ©Yoko Haruka 2013

2013年11月20日第1刷発行

発行者——鈴木 哲

発行所——株式会社 講談社
東京都文京区音羽2-12-21 〒112-8001
電話 出版部(03)5395-3532
販売部(03)5395-5817
業務部(03)5395-3615

帯写真——玉井幹郎

デザイン——鈴木成一デザイン室

カバー印刷——共同印刷株式会社

印刷——慶昌堂印刷株式会社

製本——株式会社若林製本工場

本文データ制作——朝日メディアインターナショナル株式会社

定価はカバーに表示してあります。

落丁本・乱丁本は購入書店名を明記のうえ、小社業務部あてにお送りください。

送料は小社負担にてお取り替えします。

なお、この本の内容についてのお問い合わせは生活文化第三出版部あてにお願いいたします。

Printed in Japan
ISBN978-4-06-272827-0